꾸준한 행복

사는 힘을 기르는 수수한 실천

꾸준한 행복

김신회 에세이

여름사람

차례

위대한 지루함

위대한 지루함 10
20분 동안의 레이스 18
털모닝 24
아침밥형 인간 32
일단 씻자 38
우리 집 브금 46
발 동동 해봤자 52
자체 휴일 56
달리기 여행 68
퍼펙트 데이즈 76

오래 지키고 싶은 것

기간 한정 우리 집 80

비누 덕후 90

주문의 법칙 0.5인분 98

감기에 걸리지 않는 법 106

몸에 안 좋은 운동도 있다 108

고요한 밤의 소중함을 모르는 어른은 없다 120

그 집은 이제 없어요 128

천천히, 함께 걷기

처음 꽃향기를 만난 순간 136
어느덧 개 엄마 140
부산 조카들의 서울 나들이 152
도서 정기배송 168
오래전 일기 174
더 이상 길고양이를 보고 웃을 수 없다 178
개에게는 잘못이 없다 184
스무 살과 쇼핑 192
외개어 세상 200
내 시상식도 아닌데 208
개가 아플 때 하는 생각 214
집 구하는 데 소질 없는 사람 220
둘째 조카 졸업식 226

나를 존중하는 하루

우울을 건너며 234

큰 병원 가는 날 242

어른 김장하 250

생긴 대로 살자 256

오타 자연 발생설 262

충분한 하루 268

뒷담화에 관하여 272

쓸데없는 드립 278

우리 집도 우울증인가 (메롱) 284

한 줄 일기로부터 시작된 이야기 288

위대한 지루함

위대한 지루함

사진전을 보았다. 어린 시절부터 카메라에 호기심을 갖게 되어, 아버지에게 선물 받은 카메라로 습작을 시작했고, 열아홉 살 때 고향 마을에 사진관을 차린 뒤 70년간 사진 일 하나만 했다는 우에다 쇼지의 전시였다.

 그는 여든일곱의 나이에 갑작스레 세상을 떠났는데, 예정대로라면 다음 날도 촬영 스케줄이 잡혀 있었다고 한다.

 평생 한 가지 일을 꾸준히 해온 사람이 남긴 작품들을 보며 내 일과 미래에 대해 생각했다. 눈앞의 흑백사진들보다 더 어둡고 흐릿할 그것에 대해.

도쿄에 만담 공연을 보러 갔을 때, 처음 본 만담 콤비가 무대에 오르며 대사를 날렸다.

"안녕하세요! 저희는 올해로 데뷔한 지 30년이 되었습니다!"

아무 생각 없이 손뼉을 치다가 불쑥 가슴속이 뜨거워졌다. 마주치는 손에 절로 힘이 들어가 다른 관객들보다 더 오래 손뼉을 쳤다.

그들의 만담은 재미없었다. 하지만 30년간 매일 합을 맞춰왔을 두 사람의 호흡은 아무도 흉내 낼 수 없는 것이었다. 마치 같은 타이밍에 호흡하고 같은 박자로 움직이는 하나의 생명체로 보였다.

그럼에도 만담은 끝까지 재미없었다. 그 재미없는 걸 30년이나 계속하다니. 여러모로 징글징글했다. 두 아저씨의 질긴 근성에 감동해, 무대에서 그들의 모습이 사라지고 나서까지 열렬히 손뼉을 쳤다.

시간이 갈수록 꾸준함에 대해 자주 생각한다. 꾸준함이란 무엇일까. 묵묵함 또는 우직함. 무엇보다 성실함으로 대표되는 이것의 힘을 알면서도 삶에 적용하기 쉽지 않다. 특히 일에 있어서는 더 그렇다.

그렇지만 좋아하는 것을 오래오래 즐기기 위해서는 꾸준함의 힘을 믿어야 한다. 내가 반복해온 일을 가볍게 여기지 않아야 한다. 처음을 기억해내는 일도 도움이 된다.

스물두 살에, 함께 방송작가 일을 시작한 친구가 있다. 10년 넘게 해온 방송 일을 비슷한 시기에 접고 나는 전업 작가, 친구는 회사원이 되었다.

세월이 또 한 바퀴 흘러 친구는 이직을 계획 중이다. 새로운 직장에서 요청한 서류에는 고등학교 생활기록부가 있었다고. 처음으로 보게 된 자신의 고교 시절 생활기록부에는 이렇게 쓰여 있었다고 한다.

장래 희망: 방송작가

아무렇지 않게 쓰여 있는 20여 년 전 장래 희망을 마주하고, 친구는 한참을 먹먹했다고 한다. 그 얘길 전하는 친구의 눈에는 어느새 눈물이 맺혀 있었다. 그 표정을 보니 나까지 울 것 같아 씩씩하게 말했다.
"꿈을 이뤘네!"
친구는 잠시 멍하게 있다가 날숨을 토하듯 웃었다.
"그러네? 둘 다 꿈을 이룬 사람들이네. 성공했다, 우리."

2025년 3월. 전영오픈에 출전한 배드민턴 안세영 선수는 허벅지 부상에도 불구하고 1시간 30분이 넘는 접전 끝에 정상을 차지했다. 이후에 진행된 인터뷰는 그가 선보인 경기만큼이나 대찼다.

"전영오픈의 여왕이 되었다고 생각하나요?"
"(두 손으로 만든 왕관을 머리 위에 올리며) 네, 저는 여왕이에요!"

이어진 매체와의 인터뷰에서 그는 요즘 꽂혀 있는 말을 소개했는데, 그 말은 내 가슴에 셔틀콕처럼 박혔다.

반복에 지치지 않아야 한다.

글 쓰고 책 만드는 일은 그야말로 반복의 작업이다. 글을 쓰고 지우고, 완성한 글을 또 지우고, 새로 쓴 걸 다시 고치고. 반복되는 작업에 나가떨어질 즈음이면 책이 나온다. 너무 지겨워, 다신 안 해, 라고 다짐해도 다음 날이면 책상 앞에 앉아 있다.

나는 이 일을 좋아한다. 힘들지만 계속하고 싶은 일은 이거 하나뿐이다. 하지만 계속하고 싶다는 마음만으로 계속할 수 있을까.

내가 선택해 시작한 일일지라도 세월이 갈수록 일도 나를 선택해주어야 한다. 나와 일의 관계는 인간관계와 비슷해서 혼자 달린다고 되는 게 아니다. 일의 주도권이 나와 일이 아닌 것으로 넘어갈 때도 있다.

그럴 때마다 기억해야 할 것은 내가 꾸준히 해온 무언가다. 어느새 몸에 새겨져 루틴이 된 일상의 작은 반복들이 언젠가는 나를 목적지에 데려다 놓는다. 어릴 적 꿈을 이미 이루었다는 사실조차 까먹고 사는 사람처럼.

사진전을 뒤로하며 머릿속은 한 가지 생각으로 가득 찼다. 작가가 평생에 걸쳐 반복해온 단 하나의 일에 대해. 그가 매일 쌓아올린 위대한 지루함에 대해.

나는 언제까지 이 일을 할 수 있을까. 죽기 직전까지 다음 날 쓸 글을 생각하며 잠들 수 있을까. 목표는 딱 하난데. 꾸준히, 즐겁게 일하는 것.

쓰고 보니 너무 거창한 것 같다. 일단 집에 가서 책상 앞에 앉아봐야지.

20분 동안의 레이스

버스를 탈 때마다 버스 기사에게 꾸벅 인사한다. 버스 계단을 오르고 나서 기사와 마주 보는 어색함을 얼버무리기 위해 고개를 숙이다 보니 자연스레 인사를 하게 됐다.

어느 날 아침, 버스를 타면서 인사했더니 기사는 꾸벅 답례하며 소곤소곤 중얼거렸다.

안녕하세요. 좋은 하루 되세요.

귀 기울이지 않으면 들리지 않을 정도로 작은 목소리. 다정하고 섬세한 말투였다. 나는 기사의 바로 뒷자리에 앉았다.

서서히 출발한 버스는 잠시 후 엄청 거칠게 움직였다. 기사는 버스 앞에 끼어드는 차가 있거나 버스전용차선 가까이 주차된 차가 있으면 빵빵! 보복성 경적을 길게 울렸다. 버스 안은 점차 날 서는 분위기가 됐다. 승객들은 행여나 기사의 심기를 건드리지 않을까 침묵 속에서 떨었고, 나는 눈치 없이 끼어드는 다른 차들이 보일 때마다 속으로 혼잣말했다.

  아, 비켜요. 절로 좀 가요.

다음 정류장에서 버스가 서자 승객 몇 명이 탔다. 기사는 또 한 번 감미롭게 중얼거렸다.

안녕하세요. 좋은 하루 되세요. 조심조심 앉으세요.

정신없이 버스에 오른 승객들은 그 말을 듣지 못했다. 나 혼자만 들었다. 이윽고 기사는 끼어드는 차량에 경적을 세게 울리며 난폭하게 버스를 몰았다. 하차 문으로 이동하는 승객들은 부지불식간에 트위스트를 추고 있었다. 나는 그의 뒤에서 조마조마 내릴 정류장만 기다리면서도, 다음 정류장에서 기사가 또 소곤거릴지 아닐지 궁금해 내리기 싫었다.

사람은 이토록 복잡하다. 이 버스 기사는 승객 한 명, 한 명에게 다정하게 인사를 건네지만 난폭운전을 한다. 차라리 인사하지 말고 운전을 곱게 했으면 좋겠는데 그건 이 사람의 정체성이 아니다. 그렇다고 승객들에게 불친절한 것도 그의 스타일이 아니다. 이해할 수 없지만 그만의 직업 정신이 있다. 그는 앞으로도 꾸준히, 다정한 난폭운전자일 것이다.

잠시 후 내릴 때가 되어서 고개를 꾸벅하고 내렸다. 들리진 않았지만 그는 분명 나지막이 속삭였을 것이다.

 안녕히 가세요.

털모닝

우리 집은 알람이 필요 없다. 개가 있기 때문이다. 매일 아침 8시 알람이 울리기 전부터 개는 잠에서 깨 움직인다.

비몽사몽 눈을 뜨면 얼굴 앞에 개가 있다. 초롱초롱한 눈동자로 나를 내려다보는 털굴은 전심으로 '밥 차려'라고 말한다. 졸음을 털어내려 개를 어루만지며 잘 잤느냐고 묻지만 개는 나와의 대화에 관심이 없다. 동그란 네 발로 침대 위를 이리저리 돌아다니며 빨리 일어날 것을 종용한다. 장난스레 개를 침대 위로 누이면 잠시 어리둥절해 있다가 버둥거림을 멈추고 배를 깐다.

'반려동물은 따뜻한 쓰레기'라는 말을 들었다. 처음에는 의아했지만 곱씹어보니 수긍이 갔다. 자그만 몸 여기저기에 오줌이 묻어 있고, 가끔은 똥도 묻어 있다. 발바닥 사이에는 흙도 끼어 있고, 목욕을 안 해 꼬질꼬질한 털숲에서는 시큼하면서 고소한 냄새가 난다. 나는 결벽증이 있지만 개에 한해서는 예외다. 하루에도 몇 번씩 보송한 개의 가슴털에 얼굴을 파묻는다.

 곧 지나갈 고통이라는 듯 입을 꾹 다문 채로 견디는 얼굴을 보면 귀여워 미칠 것 같다. 싫지만 참는다는, 엄마니까 봐주겠다는 근엄한 표정에 웃음이 흐른다. 천천히 몸을 일으키면 나보다 먼저 부엌으로 돌진하는 개.

온종일 집에서 개랑 있을 수 있다는 것은 인생 최고의 복지다. 개와 막 가족이 되었을 때는 어딜 가든 나를 주시하고, 따라다니고, 잠을 자도 굳이 내 발치에서 자는 게 부담스러웠다. 하지만 지금은 멀찌감치 떨어져 혼자만의 시간을 갖는 모습을 보면 언제 저렇게 다 컸나 싶어 대견하다.

사실 개는 이미 다 자란 지 오래고, 사람 나이로 치면 어느새 중년이다. 개는 나보다 빨리 늙겠지만 나에게는 평생 아가다.

틈만 나면 함께 보내온 시간을 추억하며 울컥하는 보호자의 마음은 아랑곳하지 않고 개는 또 한 번 표정으로 '밥 차려'를 주장한다. 여기서 더 지체하면 평화로운 분위기는 즉시 끝나버리기에 벌떡 일어나 움직인다. 냉장고에서 개밥을 꺼내 데우고, 영양제를 집어넣는 짧은 시간에도 뱅글뱅글 돌고, 점프하고, 내 발밑을 왔다 갔다 하며 기쁨의 시위를 벌이는 개. 밥 차릴 때마다 흥분하는 버릇을 고쳐보겠다고 스읍! 앉아, 앉아를 외치며 훈련한 시기도 있었지만 이제는 될 대로 되라다. 언젠가는 이 모습조차 그리워질 것 같아서. 오히려 이렇게 말 안 듣는 모습이 가장 많이 생각날 것 같아 웬만하면 혼내지 않는다.

식기대에 그릇을 내려놓기도 전에 개는 그릇에 얼굴을 박고 합! 합! 밥을 먹는다. 언제 어디서든, 아플 때조차 잘 먹는 덕에 오랜 시간 다이어트를 해야 했지만 밥 때문에 걱정하게 만든 일이 단 한 번도 없다.

나처럼 혼자 개를 키우는 누군가가 물었다.

"개가 언제 보호자의 사랑을 느끼는지 알아요?"

맛있는 거 줄 때? 산책할 때? 여러 생각이 떠올랐지만 정답이 아닌 것 같아 머뭇거리자 그가 말했다.

"루틴을 지켜서 생활할 때래요."

개는 정해진 시간에 밥 먹고, 간식 먹고, 잠잘 때 편안해한다고 한다. 갑작스런 변화나 이벤트를 신선해하기보다 불안해한다는 말에 고개가 끄덕여졌다.

개는 사람처럼 금방 싫증 내지 않는다. 매일 똑같은 산책길에서도 새로운 냄새를 발견해낸다. 오래 가지고 놀아 질릴 법한 장난감도 늘 새것인 양 가지고 논다. 그런 개이기에 보호자가 예상 안에서 움직여줄 때 안정감과 신뢰감을 느끼나 보다.

우리 개 '풋콩이'는 오전 8시쯤 일어나 아침밥을 먹고 자다가, 정오쯤 되면 깨서 내 앞에 앉는다. 배고프다는 뜻이다. 그때는 나도 잠시 환기할 시간이라 간식을 준 다음, 창문을 활짝 열고 청소기를 돌리거나 설거지를 한다. 간식을 다 먹은 풋콩이가 낮잠에 빠져들면 조용해진 틈을 타 작업을 재개한다.

늦은 오후쯤 일을 마치면 산책할 시간. 동네를 한 시간 정도 걷다 돌아온 풋콩이는 이른 저녁밥을 먹는다. 그러고 나면 기분이 좋은지 집 안을 이리저리 돌아다니거나 장난감을 물고 와 놀자고 한다. 잠시 놀다가 6시 반쯤 되면 또 내 앞에 와서 앉는다. 간식 먹을 때가 됐다는 뜻이다.

간식을 먹고 쉬다가 8시가 넘으면 풋콩이는 마지막 밥을 먹는다. 그다음은 양치할 시간. 양치가 끝나면 꼭 양치 껌을 보상으로 줘야 한다. 그날 먹을 걸 다 먹고 나면 자기가 먼저 침대 위로 올라가 잘 준비를 한다. 이게 풋콩이의 하루 루틴이다.

째깍째깍, 시간을 틀리는 법이 없는 우리 집 털알람 풋콩이. 그 덕에 나 역시 몸에 알람이 달린 사람처럼 산다.

쳇바퀴 도는 듯한 하루여도 풋콩이가 애정을 실감할 수 있다면 얼마든지 그렇게 지낼 수 있다. 나도 털알람으로 하루를 시작하고, 털쿠션으로 하루를 마무리할 수 있으니 이렇게 알찬 복지가 또 없다.

아침밥형 인간

'아침형 인간'이라는 말이 생경한 표현이 아니게 된 건 언제부터일까. 이른 아침일수록 컨디션이 좋고, 집중력이 상승해 업무 효율이 증가하는 사람을 아침형 인간이라고 한다면 나는 그런 사람이 아니다. 나는 그냥 아침밥형 인간이다.

매일 오전 8시 반쯤 부엌에 선다. 아침밥을 차리기 위해서. 오늘은 에어프라이어에 알배추를 굽고, 사과를 씻고, 냉동 보관해둔 치아바타에 미리 만들어놓은 당근라페와 치즈, 반숙란을 끼워 먹어야지. 동네 카페에서 사 온 원두로 커피도 내릴 것이다.

하루 세끼 중 아침밥을 가장 거하게 먹는다. 본격적으로 일하기 전에 몸에 연료를 주입하자는 의미로 차려 먹은 일이 몇 년째 루틴이 됐다. 빈속에 작업을 시작하고 나서 중간에 배가 고파지면 흐름이 끊기기에, 여유롭게 시작하는 아침으로 하루를 감당할 에너지를 비축한다. 아침밥을 넉넉히 먹으면 마음도 넉넉해진다.

계절의 흐름에 맞춰 아침 밥상을 꾸리면 절로 제철 음식을 챙겨 먹을 수 있다. 딱 이때만 나는 과일을 씻고, 채소를 잘라 샐러드를 만들고, 빵 사이에 끼워 먹기 좋은 재료들도 철마다 변화를 준다.

여름 채소와 과일은 대체로 맛이 산뜻하고 식감이 가벼워 올리브오일, 화이트와인비네거(혹은 레몬즙), 소금만 뿌려도 충분하다. 대신 오일과 식초, 소금은 좋은 것으로 쓴다. 평소 올리브오일 500밀리리터 한 병을 사면 이걸 언제 다 먹나 싶지만 매일 샐러드를 먹기 때문인지 금세 동난다. 더위에 지치면 작업하다가도 문득 당 떨어지는 느낌이 들어서, 여름날 아침에는 단맛 나는 빵이 자주 상에 오른다.

겨울철에는 단맛과 쓴맛이 동시에 나는 겨울 꿀을 다방면으로 활용한다. 드레싱을 만들 때도 넣고, 빵에도 발라 먹고, 사과에도 뿌려 먹는다. 집에 있어도 으슬으슬 한기가 느껴지기에 양배추와 토마토를 넣은 채소수프도 자주 만든다. 거기에 통밀치아바타를 곁들인다.

술을 즐기던 시절, 내 하루의 주인공은 밤이었다. 밤을 길게 늘리며 새벽까지 술상 앞에 앉아 있었다. 그 탓에 다음 날 오전을 통째로 날리고 점심이 지나서야 하루를 시작할 수 있었다. 흐릿한 머리로 책상 앞에 앉고 나서도 얼른 밤이 오기를 기다렸다.

　하루의 마무리에 힘을 주면, 24시간 동안 무엇을 달성했는지에 방점이 찍힌다. 저절로 오전과 오후는 밤을 위한 시간이 돼버린다.

술을 멀리하고 나서는 하루를 시작하는 일에 진심이 됐다. 느긋하게 아침밥을 차리고, 느릿느릿 먹고 나면 이미 오늘 하루는 잘 산 것 같다. 그날 한 일이라고는 아침밥을 차려 먹은 것밖에 없어도 뭐 어때, 하게 된다. 오늘이 별로였다면, 내일 다시 아침을 차려 먹고 힘내면 된다.

누군가를 위해 의무적으로 차려야 했다면, 이렇게 아침밥을 좋아하진 않았을 거다. 내가 나를 위해 차리는 아침상이기에 기분 좋게 만들고 먹으며, 딱 하루분의 힘을 낸다.

일단 씻자

매일 스스로 업무에 착수해야 하는 나 같은 사람도 아침에 일어나자마자 '일하자'라고 마음먹기 쉽지 않다. 급한 원고 마감이라도 있으면 억지 동력이라도 생기는데, 그도 없는 날은 종일 빈둥거리다 하루가 다 간다. 프리랜서 혹은 재택근무자들이 일단 집을 빠져나오는 이유다. 주변의 프리랜서 대부분이 따로 작업실을 마련해 출근하거나, 공유 오피스나 도서관에 가거나, 카페라도 찾아가야 일을 시작할 수 있다고 말한다.

얼마 전, 한 유튜브 채널에서 강풀 작가가 작업루틴을 소개하는 걸 봤다. 그는 매일 새벽 4시에 일어나서 곧장 작업실에 들어가 일한다고 한다. 주변 상황이나 컨디션이 어떻든 눈뜨자마자 작업을 시작하는 것이 이후의 작업을 가능하게 한다고. 그렇게 단 한 시간이라도 일하고 나면 중간에 다른 것들을 하고도 다시 작업에 임할 수 있지만, 그러지 않으면 일의 시작 자체가 안 된다고 말했다.

각자만의 시작 버튼이 있을 것이다. 바꿔 말하면 나를 가장 게을러지게 하는 무언가를 차단함으로써 어떻게든 시작하는 일이다. 나의 시작 버튼은 씻기다. 집에서의 씻기는 네 레벨로 나뉜다.

Lv. 1: 양치하기
Lv. 2: 양치하고 세수하기
Lv. 3: 양치하고 세수하고 머리 감기
Lv. 4: 샤워하기

레벨 1까지는 매일 한다. 아침을 먹어야 하기 때문이다. 양치하지 않고 밥을 먹는 건 밥과 입속 세균을 같이 먹는 일……. 레벨 1을 달성하고 나면 레벨 2도 어렵지 않다.

문제는 레벨 3과 4다. 집에서 깨끗한 머리로 있어야 하는 타당한 이유를 댈 수 있는 사람? 별로 없을 것이다. 비상시에 쓰라고 머리띠나 모자가 있는 것이다. 그래서 나는 매일 레벨 2 정도만 유지하며 가볍게 외출할 때는 모자를 쓰거나 머리띠를 애용한다. 멀리 나갈 일이 생기면 억지로라도 레벨 3 혹은 4를 수행하지만 그렇지 않으면 레벨 3이나 4까지 가는 데는 약 이틀 반이 걸린다. 너무 더러운가?

여기서 끝이 아니다. 진정한 고수는 레벨 5를 달성한 사람이다.

Lv. 5: 외출복으로 갈아입기

나와 마찬가지로 프리랜서이자 재택근무자인 친구와 씻는 문제에 대해 이야기를 나눴다. 그가 먼저 고충을 털어놓았다.

"일어나서 씻는 게 제일 어려워."

"맞아."

"그래서 나가는 거야. 외출할 일이 있으면 어떻게든 씻게 되거든? 근데 나갈 일 없음 씻지도 않아. 계속 찝찝해하면서도 절대 안 씻는다? 결국 그날 한 번도 안 씻고 침대에 누워. 너무 더러운 거 같고 머리도 가렵고 샤워도 하고 싶은데, 계속 찝찝해하면서 그냥 잔다? 내일 나가지도 않을 텐데 왜 씻어? 이러면서. 매일 그것의 반복이야."

"나는 일어나면 일단 이를 닦아."

"잠옷은 어떻게 해? 외출복으로 갈아입어?"

"……. 과거에 김대중 대통령이 가택연금 상태였을 때에도 매일 아침이면 양복에 넥타이를 했다는 얘기가 있어."

"왜 거기까지 가. 그래서 옷 갈아입냐고."

점점 청문회 형식을 띠는 대화에 입안이 썼다. 집에서 외출복을 입고 일하는 것은 쉽지 않다. 일단 나는 김대중 전 대통령이 아니다.

'옷이 날개'라는 말은 프리랜서에게 조금 다른 의미로 읽힌다. 옷은 업무로 날아갈 수 있는 날개다. 잠옷을 입고 있으면 잠옷과 걸맞은 일만 한다. 자꾸 드러눕고 싶고, 소파에 널브러지게 되고, 괜히 담요를 덮게 된다. 그러다 담요를 바닥에 깔고는 에구구 하면서 드러눕는다. 정신을 차리고 보면 두어 시간이 훌쩍 지나가 있다. 물 흐르듯 이어지는 이 섭리를 다 알면서도 몸에 붙은 잠옷을 떼어내기가 쉽지 않다. 언제 그랬냐는 듯 생각은 처음으로 되돌아가기 때문이다. 밖에 나가지도 않는데 왜 갈아입어야 해?

오늘은 특별히 레벨 5까지 달성하기로 했다. 아침에 일어나 싹 씻고, 머리까지 다 말리고, 얼굴에 뭔가도 발랐다. 옷도 새 옷으로 갈아입었다. 그러느라 아침을 꽤 허비했지만, 용모 단정한 모습으로 책상 앞에 앉으니 괜한 열의가 샘솟았다.

작업하다 소셜미디어에 들어갔더니 친구가 외출한 사진이 보였다.

아, 너도 오늘은 씻었겠네.

우리 집 브금

자동차와 음악을 한결같이 좋아하는 친구가 있다. 친구의 차에 타면 언제나 음악이 빵빵하게 울려퍼진다. 운전대만 잡으면 신이 나서 노래를 따라 부르며, 수다도 멈추지 않는 친구는 확신의 'E'다.

 "늘 음악을 듣네?"
 "당연하지. 음악 안 듣고 운전한 적 없어."
 "한 번도?"
 "응. 없어. 음악 들으려고 차 산 거야."

 음악을 들으려면 오디오를 사야지, 친구야.
 얼마 뒤, 친구 생일에 턴테이블을 선물했다. 집에서도 음악을 즐겨줬으면 하는 마음에.

나는 운전할 때 음악이 없어도 되는 사람. 집에 있을 때도 음악을 딱히 틀지 않는다. 가장 좋아하는 음악은 '무음'이다. 작업할 때는 집중력이 흐트러지기에 더욱 음악을 멀리한다. 그래서 우리 집은 늘 침묵에 휩싸여 있고 나는 그 고요함을 좋아한다. 아니 좋아했다.

개랑 살고 나서부터 고요함은 깨지기 시작했다. 시시때때로 들려오는 발걸음 소리, 초인종 소리, 택배 상자 내려놓는 소리, 창문 흔들리는 소리 등에 개는 일일이 짖었다. 평소에 다양한 소리가 수시로 나는 집이었다면 짖음도 덜 했을 텐데, 집이 워낙 조용하니 개도 고요함에 익숙해진 거다. 바깥 소음에 민감하게 반응하는 개를 혼내도 보고 타일러도 봤지만, 집을 지키고자 하는 개의 본능을 매번 억누를 수는 없어서 대책이 필요했다.

그리하여 알게 된 것이 도그 카밍 뮤직(Dog calming music)이다. 유튜브에서 '도그 카밍 뮤직'이나 '도그 뮤직'으로 검색하면 개에게 편안함을 주는 음악을 무한 반복하는 동영상이 많이 뜬다. 광고 없이 몇 시간 동안 비슷한 느낌의 음악이 흘러나오는 채널도 있어, 개를 두고 장시간 외출할 때 틀어놓고 나가는 보호자들도 많다. 개의 분리불안을 완화해주고, 외부 소음에 집중하는 귀를 음악으로 채워주며, 편안한 사운드로 숙면을 유도하는 효과가 있다고 한다. 어쩐지 피부 관리실이나 요가원에서 나올 것 같은, 힐링뮤직 혹은 뉴에이지풍의 음악들이다.

반신반의하며 틀어놓기 시작한 도그 카밍 뮤직은 어느새 우리 집 배경음악이 됐다. 일하기 위해 책상 앞에 앉으면 개는 장난감을 물고 오거나, 안아달라고 다가오거나, 간식을 달라며 낑낑대는데 그때가 바로 음악으로 개를 마취시킬 시간이다. 유튜브를 티브이에 연결해 도그 카밍 뮤직을 재생한 다음 책상에 앉으면, 개도 슬금슬금 쉴 자리를 찾아 눕는다. 개의 귀에 자극을 주지 않고 나의 업무에도 방해되지 않는 음악을 배경 삼아 나는 일하고, 개는 잔다.

 이 흐름은 루틴이 되어, 매일 퇴근하기 전까지 우리 집에는 도그 카밍 뮤직이 흐른다. 음악을 자장가 삼아 잠들고 편하게 쉬는 개를 바라보는 일은 매일 만나는 작은 기쁨. 평온한 그 풍경을 오래오래 보고 싶어서 딴짓하지 않고 일에 집중하(려고 애쓰)고 있다.

발 동동 해봤자

덜렁거리는 신발 앞코를 순간접착제로 붙이다가 왼손 집게손가락에 접착제가 붙었다. 그걸 떼어내려고 반대쪽 손을 댔다가 양 집게손가락이 서로 붙었다. 허겁지겁 떼어낸 다음 물티슈로 접착제가 묻은 부분을 닦으려다 이번엔 물티슈가 붙었다.

 집게손가락 끝에 매달린 하얀 물티슈가 깃발처럼 나부꼈다. 손을 격하게 흔들어봐도 떨어지지 않았다. 살살 떼어내려 했지만 자칫하면 살점마저 떨어질 것 같았다.

 손가락 위에 붙은 물티슈를 가위로 조금씩 오려냈다. 점점 더 바짝 오리니 1원짜리 동전만 한 물티슈 조각이 남았다. 흰 동그라미 조각은 엄마에게 매달리는 아이처럼 피부에 찰싹 달라붙어 있었다. 물로 씻으니 오히려 피부에 더 밀착되었다. 클렌징오일로 벅벅 문질러봤더니 더 하얗게 클렌징되었을 뿐 동그라미는 그대로였다.

물티슈 조각은 내버려두고 책상 앞에 앉았다. 키보드를 두드릴 때마다 두툼해진 왼쪽 집게손가락이 성가셨다. 몇 시간 후 과일을 씻고 깎았더니 동그라미는 과일 물이 들어 주황색으로 변해 있었다.

손가락 끝에 동그라미를 단 채로 개와 산책하고, 밥 먹고, 설거지하고, 청소기를 돌렸다. 그러는 사이 동그라미는 점점 내 몸과 하나가 됐다. 시간이 흘러 저녁밥을 차려 식탁 앞에 앉았을 때, 물티슈는 떨어질 듯 손가락 끝에서 대롱거리고 있었다. 조심스레 떼어내니 마치 스티커처럼 떨어졌다.

속 시원할 것 같았는데 별 느낌이 없었다. 하루 동안 물티슈 조각을 달고 사는 데 익숙해졌나 보다. 식탁 위에 볼품없이 떨어져 있는 물티슈 조각과 평소대로 돌아온 집게손가락을 번갈아 보며 생각했다.

나는 오늘 손에 붙은 물티슈를 핑계로 할 일을 미루지 않았다. 평소처럼 하루를 보냈다. 늘 사소한 것에 전전긍긍하며 평정심을 찾지 못해 괴로웠는데, 그럴 땐 그저 눈앞의 할 일을 하면 되는 거였다.

묵묵히 하루를 살면 나도 모르는 사이에 말끔해진다. 그게 바로 자연 치유력. 시간이 해결해줄 거야, 라는 말의 의미가 거기에 있었다.

자체 휴일

혼자 보내는 시간이 길어져 인간관계 수혈이 필요할 때가 있다. 집에서 개랑 너무 딱 달라붙어 있어서 개 보호자가 아닌 인간으로서의 외출을 해야겠다 싶을 때. 실은 안 해도 지장 없지만 해야 될 것 같아서, 해보면 또 모르니까 한다. 집순이한테 집이 어디 집이기만 한가.

그런 날은 자체 휴일을 선포한다. 휴일은 하루 전에 정해진다. 만날 사람이 있으면 만나고 그렇지 않으면 나와의 데이트다. 아침 일찍 개를 유치원에 보낸 다음 원하는 대로 하루를 보낸다.

휴일을 정하지 않아도 맘대로 빈둥거릴 수 있지만, 따로 휴일을 정하는 데엔 이유가 있다. 자고로 휴일이란 즐거운 일을 하며 일상에 지친 몸과 마음에 새 공기를 불어넣는 날. 한마디로 나에게 관대한 날이다. 자체 휴일에는 스스로 금쪽이가 되어, 하고 싶은 건 다 하고야 만다. 두세 달에 한 번, 평일에만 갖는 자체 휴일은 직장인으로 따지면 연차 같은 것인데, 내가 나에게 결재를 내린다는 점이 다르다.

오랜만에 자체 휴일을 갖기로 하고, 뭘 할지 구상하다가 다큐멘터리 한 편을 봤다. 제목은 〈라멘덕후〉.

도쿄의 라멘 장인, 토미타 오사무에 대한 이야기였는데, 그는 매년 일본 최고의 라멘집을 뽑는 투표에서 4년 연속 우승한 가게를 10년째 운영하고 있다. 라멘 육수와 면, 고명 하나하나를 직접 만들며 손님에게 완벽한 라멘 한 그릇을 선사하기 위해 온 신경을 곤두세우는 사람의 이야기가 뜨거운 육수처럼 펄펄 끓는 다큐멘터리였다. 보는 동안 자꾸 군침이 돌아 중간중간 끊어가며, 내일 가기로 마음먹은 동네의 라멘 맛집을 검색했다.

오전 중에 라멘을 먹고 저녁에 또 라멘을 먹어야지. 이번 휴일의 테마는 라멘이다! 완벽한 계획에 설레어 잠이 안 왔다.

다음 날 오전 11시쯤 찾아놓은 라멘집에 도착하니, 벌써 점심을 먹는 사람들이 보였다. 돈코츠라멘을 주문하고 1인석에 앉았다.

잠시 후 등장한 라멘은, 맛보지 않았는데도 분명 맛있을 것 같았다. 묵직한 아이보리색 육수에 가죽 같은 목이버섯채와 죽순, 다진 마늘과 분말스프가 올라가 있었고 김, 차슈, 송송 썬 쪽파도 있었다. 라멘을 가져다준 사장님은 말했다.

"먼저 기본 국물을 드셔보시고, 그다음에는 취향껏 섞어서 드세요"

기본 육수도, 이후에 달라질 맛도 다 자신 있다는 이야기였다.

육수를 먼저 한 모금 떠먹었더니 짭짤하면서도 진득한, 약간 돼지고기 냄새가 풍기는 육수가 온몸에 스몄다. 이어서 고명을 잘 섞어 국물 맛을 보니, 아까와는 다른 감칠맛과 향신료의 향이 입안을 휘감았다. 와, 내 취향은 다 섞어 먹는 것.

면은 스파게티로 치면, 알 덴테 느낌의 조금 딱딱한 면이었는데 점성 높은 육수와 잘 어울렸다. 평소 면 요리를 먹을 때는 면만 건져 먹고 국물은 남기지만, 라멘은 국물까지 다 먹어야 하는 음식이다.

라멘 특유의 짠 국물을 식도로 들이부으며 '나트륨 과다 섭취 괜찮나?' 싶었지만 남김없이 먹고 싶었다. 오늘은 금쪽이가 금쪽이하는 날.

다음 목적지는 서점. 새로 나온 책들을 둘러보고, 베스트셀러 자리에 어떤 책들이 있는지 구경했다. 내 책은 한 권도 없었지만 굴하지 않았다. 신간을 한 권 고르고, 만화책 코너를 구경한 다음 일본어 서적 코너에서 만화책을 한 권 더 골랐다.

이따가 만날 친구를 위해 선물도 샀다. 초록색 장갑과 고양이가 그려져 있는 면 수건, 자고로 키 링의 시대니까 쌀밥 모양의 키 링을 사고, 축하 카드와 펜을 샀다. 좋아하는 사람을 떠올리며 이것저것 선물을 고를 때는 멀리 여행 온 기분이 든다.

통창이 있는 프랜차이즈 커피숍으로 자리를 옮겨 2층 바 자리에 앉았다. 친구에게 줄 카드를 쓰고, 따뜻한 커피를 홀짝이며 새로 산 책을 읽었다. 물론 집에서도 충분히 할 수 있는 일이지만 밖에서 하면 더 재미있는 일들. 창문 밖으로 움직이는 차들과 오가는 사람들을 물끄러미 바라보는 동안 좋은 휴일을 보내고 있다는 실감에 마음이 붕 떴다.

오후에는 친구가 줄곧 와보고 싶었다는 카페에 들렀다. 좁은 공간에 테이블이 다닥다닥 붙어 있는, 조용하고 어두운 카페였는데 거기서 쉴 틈 없이 떠드는 사람은 우리밖에 없었다. 깜짝선물을 건네자 친구는 나지막이 "대박" 이러면서 기뻐했다.

　세 시간 후 밖으로 나오니 한기가 사정없이 몰아치고 있었다. 그날은 뉴스에도 오르내린 기록적인 한파여서 밖을 잠시 걷는 것만으로도 온몸의 근육이 어는 느낌이었다.

　"이런 날 밖에서 만나는 게 사랑이 아니면?"

　친구는 대답했다.

　"사랑이지, 사랑이야."

친구에게 공유하려고 저장해둔 짤이 생각나 스마트폰을 열어 보여주었다. 친구는 엄청 심각한 얼굴로 "대박. 진짜, 웃기다. 진짜 웃기네" 하며 혀를 내둘렀다. 전혀 웃지는 않으면서. 충격적으로 웃기기는 한데 마냥 웃기에는 찜찜함이 남는다는 뜻이겠지.

그날의 두 번째 라멘집은 카페 가까이에 있었다. 이번 휴일은 동선마저 기가 막혔다.

이곳 라멘은 아까와는 다르게 국물이 투명한 시오라멘이었다. 고명으로 삶은 닭고기가 두툼하게 올라가 있었고, 파의 흰 부분을 송송 썰어 올린 점이 독특했다. 반찬으로는 열무묵은지조림이 나왔다.

국물은 시원한 편이고, 면은 아까 먹은 라멘처럼 알 덴테 느낌으로 딱딱했다. 전반적으로 깔끔하고 맛있었지만 내 입맛에는 점심에 먹은 라멘이 더 맞았다. 자고로 라멘은 느끼하고, 짜고, 묵직할수록 좋다.

집에 도착해 창문을 활짝 열어 환기했다. 그다음 청소기를 돌리고 설거지하고 개의 저녁밥을 준비했다. 이 모든 일을 하는 데 30분이 채 걸리지 않았다. 원래 집안일이란 휘몰아치듯 하는 것. 차근차근하다 보면 시간을 너무 쓰게 된다.

그날의 할 일을 마치고 침대에 누우니 절로 피곤이 몰려왔다. 참으로 좋은 휴일이었다. 다음에는 어떤 테마로 하루를 보내볼까. 제대로 공상을 이어가기도 전에 눈이 감겼다.

달리기 여행

여행 짐을 쌀 때마다 넣을까 말까 고민되는 게 있다면 러닝화다. 아무리 가볍더라도 부피 때문에 자리를 차지하고, 기껏 챙겨 갔는데 신을 일이 없으면 짐만 될 것 같아서다.

마음먹고 러닝용 운동화를 가방에 챙기고 나면 설레기 시작한다. 낯선 곳에서 색다른 풍경을 바라보며 달릴 수 있으리라는 기대감이 샘솟는다.

문득 초록이 그리워 제주에 가기로 했다. 걷기 여행을 위한 짐을 꾸리니 머릿속에 예상 밖의 영상들이 재생되었다. 매일 아침, 바닷마을의 바람과 햇살에 온 얼굴을 구겨가며 질주하는 모습. 해 질 무렵, 분홍빛 하늘을 바라보며 동네를 여러 바퀴 달리는 장면. 땀에 흠뻑 젖어 숙소로 돌아오는 길에 절로 간절해지는 맥주 한 캔. 하지만 양심상 탄산수로 대신하는 혼자만의 러닝 뒤풀이.

결심했다. 달리기와 함께 휴가를 보내기로. 4일간의 휴가 동안 매일 달리기로. 이제껏 해온 여행 중에 목적이 달리기였던 여행은 없었다. 벌떡 일어나 기껏 싸둔 여행 가방을 풀어 헤쳤다. 외출복이 있던 자리에 운동복을 넣고, 알록달록한 양말은 푹신한 러닝 양말로 바꿨다. 아무리 머리를 굴려봐도 러닝화가 들어갈 자리는 없어 아예 신고 가기로 했다. 달리기 위한 짐을 꾸리고 나니 벌써 여행이 시작된 것처럼 가슴이 뛰었다.

휴가 첫날엔 숙소 주변을 달리기로 했다. 천천히 뛰기 시작한 내 옆으로 나지막한 돌담이 펼쳐졌다. 돌담 앞에는 이름 모를 노랑 꽃이 피어 있고, 갈색 대문 옆에는 가녀린 나뭇가지에 어른 주먹만 한 하귤이 천연덕스럽게 매달려 있었다. 저 멀리 흙밭에는 말 한 마리가 우두커니 서 있었다. 달리기 시작한 지 얼마 되지 않아 내가 제주에 있음을 실감했다.

동네 버스 정류장 벤치에 앉아 있는 노인과 눈인사를 나누고, 오밀조밀 모여 있는 상점가를 지나치니 후박나무가 늘어선 큰길이 나타났다. 점점 숨이 가빠오며 땀이 나기 시작했지만, 울창한 이파리가 만든 그늘에 들어서자 일순 공기가 서늘해졌다.

달리는 동안 가장 진하게 느껴지는 것은 몸의 컨디션이나 빠르거나 느린 두 발이 아닌, 나를 둘러싼 자연이다. 시시각각 변하는 온도, 바람, 풀내와 마주하다 보면 자연과 함께 달리는 것 같다. 혼자인데 혼자가 아닌 기분. 묵묵히 달리는 나를 단단하게 감싸는 대지의 기운.

뛰다 보니 산책을 나온 동네 개 한 마리를 만났다. 개는 눈이 마주치자마자 겁난다는 듯 줄행랑쳤다. '나 무서운 사람 아니야. 나도 개 어멈이야.'

일부러 시선을 피하며 달리니 이번엔 개가 나를 따라오기 시작했다. 절로 입이 헤벌쭉 벌어졌다. 지인에게 맡기고 온 우리 개 생각이 났다. 풋콩이에 대한 그리움으로 흠뻑 젖은 몸으로 숙소에 복귀.

둘째 날은 성이시돌목장 근처 산책로에서 달렸다. 입구에 들어서자 알알이 빨간 열매가 앙증맞은 먼나무와 꽃잎이 검붉게 변한 동백나무를 만났다. 10분쯤 달리니 진한 고향의 냄새, 즉 말똥 냄새가 나를 환영해주었다. 냄새의 진원지를 따라가보니 너른 풀밭에 말 네 마리가 유유자적 휴식을 즐기고 있었다.

조금 더 깊숙이 들어가니 활엽수에 둘러싸인 호수가 나타났다. 두 눈에 다 담기지 않을 만큼 광대한 호수는 평화로움 그 자체였다. 느릿느릿 걸으며 산림욕을 즐기는 사람들 사이에서 나 혼자만 숨을 몰아쉬며 지옥의 레이스를 펼쳤다.

5킬로미터쯤 달리고 나니 대체 누굴 위한 달리기인가 싶어 근처 카페로 뛰어 들어갔다. 성이시돌센터 안에 있는 〈카페 이시도르〉. 고즈넉한 제주 풍경을 바라보며 빵과 커피, 다양한 제주 유제품을 즐길 수 있는 곳이다.

이틀째 러닝 성공을 자축하는 의미로 제주 유기농 우유와 요거트를 꿀꺽꿀꺽 마셨다. 그게 식전 메뉴가 되어, 자연스럽게 쟁반 가득 빵을 담았다. 뜨거운 커피를 한 잔 주문하고는 초록 벌판을 바라보며 아침을 먹었다.

셋째 날엔 협재해수욕장과 금능해수욕장을 잇는 해변 산책로를, 넷째 날은 숙소 주변을 첫째 날과는 반대 방향으로 달렸다.

휴가 동안 꾸준히 달렸다는 것. 매일 다른 제주의 풍경을 느긋하게 즐겼다는 것만으로 이번 휴가는 대만족이었다. 힘껏 달리다가도 눈에만 담기에 아까운 풍경 앞에서는 스마트폰을 꺼내들곤 했지만 사진은 늘 실제를 담지 못했다. 자연은 눈 안에 머물 때 가장 아름답다. 열심히 바람을 가르다 보면 나 역시 아름다움의 일부가 된다.

집으로 가는 날. 땀으로 얼룩진 옷들을 가방에 욱여넣으며 생각했다. 앞으로 더 열심히 달리게 될까, 아니면 금세 게을러질까. 확실한 것 하나는 여행 가방에 러닝화를 넣을지 말지 고민하지 않을 거라는 것. 러닝화가 든 여행 가방은 그냥 여행 가방과 다르다. 달리는 여행과 그렇지 않은 여행은 다르다. 앞으로도 나는 자연과 함께 달리는 여행을 하게 될 거다.

퍼펙트 데이즈

영화를 본 지 한참 지나고 나서도 히라야마*씨를 떠올렸다. 그가 똑같게만 보이는 하루를 반복하는 것은 쌓인 감정과 생각을 정돈하는 방식. 그의 과묵함은 수다스러움. 그가 끊임없이 자신과 이야기하고 있다는 게 느껴졌다. 다른 사람과의 대화는 필요 없을 정도로 그는 자신과 많은 이야기를 하고 있었다.

 말수가 적은 사람일수록 속으로는 많은 이야기를 한다. 평온해 보이는 사람일수록 속은 시끄럽다. 고요함의 반대말은 고요함. 고요해 보여도 고요하지 않고, 고요해 보이지 않아도 고요한 마음이 있다.

---

* 영화 〈퍼펙트 데이즈〉의 주인공 이름

오래 지키고 싶은 것

기간 한정 우리 집

새로운 동네로 이사를 왔다. 집을 보러 이 동네에 처음 들어서자마자 느꼈다. '여기서 살아야겠다.'

당시 내가 구하는 집에는 조건이 있었다.

1. 반려동물 동반 주거가 가능한 집
2. 가까이에 개와 산책할 공원이 있는 집
3. 볕이 잘 드는 집
4. 베란다가 있는 집
5. 유흥 시설이 적어 조용한 동네에 있는 집

하지만 보러 간 집은 부동산 사장님도 포기한 기색이 느껴질 정도로 상태가 별로였다. 지은 지 25년 된 복도식아파트였는데 방문은 죄다 파이거나 삭아 있었고, 장판은 군데군데 찢어진 게 눈에 보였다. 낡고 빛바랜 벽지는 그때그때 땜질하며 살아온 티가 났다. 대부분의 조명은 마감이 되지 않아서 전구가 밖으로 노출되어 있었고, 욕실은 그나마 전기가 들어오는 게 용할 정도로 음침했다. 부엌 싱크대는 거의 쓰러져가기 직전의 유물 수준이었다. 거실과 베란다 창문은 회색 알루미늄새시였는데, 이런 새시를 마지막으로 본 게 언제인지 기억조차 나지 않았다.

그래도 나는 집의 장점만을 찾으려 애썼다. 일단 동네가 조용하고 거실에 볕이 잘 들었다. 욕실은 오래되었을지언정 깨끗이 쓴 티가 났다. 확장공사를 하지 않은 구식 베란다가 있는 것도 마음에 들었다. 방들은 작았지만 거실이 넓은 편이어서 대부분의 생활을 거실에서 하는 내겐 오히려 효율적이었다. 주변으로 공원이 여러 개 있어 풋콩이와 산책하기에도 좋을 것 같았다.

무엇보다 기존 세입자인 어르신들이 6년을 사신 데는 이유가 있을 것 같았다.

"솔직히 말하면 여기서 계속 살고 싶어요. 외곽에 집을 사서 옮기는 거예요."

그러면서도 집만 보고 갈 것 같았는지 내내 심란한 표정이었다.

"계약할게요."

아파트 현관을 빠져나오며 말하니 부동산 사장님은 조금 놀란 눈치였다. 인테리어고 취향이고, 모든 걸 내려놓고 살겠다는 각오 없이는 선택하기 어려울 집이었다. 물론 내게도 취향이란 게 있지만, 풋콩이와 살 집을 구할 때만큼은 취향 따위 고이 접어두어야 했다. 겨우 살 만한 집을 발견해도 계약을 앞두고서 "개는 안 돼요"라는 말을 여러 번 들었다. 심지어 풋콩이를 맞아 3년간 살던 이전 집 역시 우리가 이사하고 나서 '반려동물 금지 조항'이 생겼다. 하지만 이 집은 어떤 동물도 마다할 이유가 없어 보였다.

계약금 납입을 요청하는 부동산 사장님에게 슬쩍 물었다.

"개 키워도 되죠?"

사장님은 의외의 질문이라는 듯 대꾸했다.

"안 될 리 있겠어요?"

이삿날. 내 돈으로 벽지를 갈고 조명을 교체했다. 모든 바닥에는 반려견용 매트를 새로 깔아 찢어지고 구멍 난 장판을 가렸다. 은색 새시가 덜 보이도록 화사한 색깔의 천을 골라 달았고, 썰렁한 벽에는 그림과 달력을 붙였다. 해놓고 보니 집 안에 있는 모든 것이 조금도 어우러지지 않았는데 오히려 그게 이 집의 정체성 같았다. 이거 같기도 하고 저거 같기도 한, 네 맛도 내 맛도 아닌 무언가. 그게 내 삶 같기도 했다. 만족하며 살아가는 게 아니라, 어떻게든 수긍해야 살아질 것 같은 삶.

며칠이 지나 비가 왔다. 그러자 베란다 바닥이 빗물로 축축해지기 시작했다. 낡은 새시와 삭은 타일에서 누수가 일어나고 있었다. 누수를 피해 이 집으로 이사 왔는데 또 누수를 만난 것이다. 다행히 빗물이 거실까지는 들어차지 않아 견딜 만했다. 빗물로 흥건한 베란다에 쭈그려 앉아 걸레질을 하면서 나의 성장을 치하했다.

다음 달에는 싱크대가 말썽을 부렸다. 싱크대 상판이 묘하게 기울어져 있어 의아했는데, 싱크대 안쪽을 살펴보니 물이 떨어져 아랫부분이 다 삭아 있었다. 베란다 누수에 이어 싱크대 누수까지 있는 집이라니. 싱크대 아래 칸은 이미 땜질로 만신창이였고, 이전 세입자가 어떻게든 물이 덜 새게끔 때우고 가리며 사용해온 흔적이 보였다.
 얼마 뒤 욕실의 환풍기와 샤워기가 망가졌고, 셀 수 없이 잔금이 간 변기에서 물이 뚝뚝 떨어졌다.

세입자의 설움이 시작되었다. 낡은 걸 뻔히 알면서도 여기서 살 수밖에 없는 상황은 세입자의 몫이지만, 이 모든 것을 집주인에게 알려 해결을 요청해야 하는 일 역시 세입자의 몫이다. 스마트폰을 부여잡고 아무리 굽신거려도 돌아오는 답은 냉담했다. 이후 나는 집주인에게 연락할 일이 생길 때마다 심장이 빠르게 뛰고 호흡이 가빠지는 집주인 울렁증이 생겨버렸다.

그럼에도 이 집에서 여덟 계절을 났다. 그사이 동네에도 정이 들어 단골 빵집과 단골 카페가 생겼다. 여러 걸림돌이 있는 집이긴 해도 개와 또 한 번 이사해 새로 적응하는 것보다는 나은 선택이었다.

비는 새지만 넓은 베란다가 있고, 집 안 구석구석 드러난 문제도 어느 정도 메꿔진, 그래서 눈치 보지 않고 풋콩이랑 지낼 수 있는 이 집이 현재 우리의 홈 스위트 홈이다.

비누 덕후

소셜미디어에 떠다니는 영상을 보다가 가뿐하게 뼈를 맞고 말았다. 소비에 관련된 영상이었는데 '갖고 싶은 아이템은 실제로 필요 없는 것'이라는 명언이 흘러나오고 있었다. 평소 생필품인 치약을 갖고 싶다고 생각하지 않듯 꼭 필요한 것에 대해서는 갖고 싶은 마음이 들지 않는다는 말. 몹시 그럴듯했다. 그런데 세상에는 생필품을 '갖고 싶다'라고 생각하는 사람도 있다.

어떤 물건에 욕망을 느끼는지를 보면 그 사람을 알 수 있다. 건강보조제에 자주 마음이 흔들리는 사람이라면 평소 건강에 대해 염려가 많은 사람일 수 있다. 색조화장품을 사 모으는 사람이라면 자신을 화려하고 다채롭게 꾸미는 일에 관심이 많을 것이다. 식재료를 냉장고 가득 담아두어야 안심되는 사람이라면, 남들보다 식탐이 강하거나 굶주림에 대한 불안이 높은 사람일지도 모른다. 같은 이유로 비누, 치약 등 세정제에 집착하는 사람은 청결에 대한 강박이 있을 수 있다.

청결에 대한 강박은 '나는 깨끗해져야 할 사람'이라는 무의식과 연결된다. 죄의식과 수치심으로 자신을 검열하며 시시때때로 반성을 촉구한다. 지금보다 자신을 더 청결하게 만들어, 흠이 덜한 사람이 되어야 한다는 무의식은 '씻는 제품'에 대한 소비로 이어진다. 당사자성 발언이다.

평소 세정제 분야 전반을 좋아하지만 그중에서도 비누에 집착한다. 나는 비누 덕후여서 받을 때 가장 기쁜 선물이 비누다. 외국 여행을 할 때 가장 많이 사게 되는 아이템 역시 비누다. 동남아시아로 여행을 갈 때마다 트렁크의 반을 비누로 채워서 돌아온다. 여행지에서 비누만 보면 걸음을 멈추는 나를 보며 친구들은 혀를 찬다.

수많은 비누를 써왔음에도 사고 싶은 비누는 계속 출시되기에 우리 집에 비누가 떨어지는 일은 없다. 오히려 너무 많아서 소비기한 내에 다 쓰지 못할 때도 있다. 하지만 비누가 동나면 내 멘털도 동나기 때문에 미리 채워두어야 한다. 욕실 수납장에 비누가 차곡차곡 쌓여 있는 걸 볼 때마다 마음이 거품처럼 부푼다. 소비기한을 체크해두고, 계절감과 피부 상태, 취향 등을 고려해 개봉 순서도 정해둔다. 조만간 설거지 세제와 샴푸나 보디용품까지 비누의 형태인 '바'로 바꿀 예정이다.

비누는 일단 모양이 좋지 않은가. 단단하면서 향기롭고, 무해한 고체. 세면대 앞에 가지런히 놓여 있는 것만 봐도 흐뭇하다. 조심스레 물을 틀고 비누를 손에 쥘 때의 감촉도 좋다. 조금씩 움직이면 은은한 향기가 욕실을 채우고, 손안에는 보드라운 거품이 가득 찬다. 비누가 만들어내는 모든 것이 좋아서 손을 씻는 내내 만족스럽다.

새 비누를 뜯을 때마다 영롱한 자태와 코끝까지 느껴지는 향기에 매료된다. 최대한 원상태를 유지해가며 오래오래 쓰고 싶지만 금세 무르는 탓에 쓸 때마다 내 마음도 같이 무른다.

특히 좋아하는 비누는 로즈메리, 일랑일랑, 티트리 등의 천연재료로 만든 클래식한 네모 모양 비누다. 인공 향료를 쓰거나 모양에 멋을 낸 비누는 사용하기에 불편하고, 향기도 딱히 끌리지 않는다.

요즘 쓰는 비누는 인도네시아에서 왔다. 천연재료를 사용해 비누부터 치약, 기초화장품과 목욕용품까지 판매하는 브랜드라 발리에 갈 때마다 들러 다량의 비누를 사 온다. 고백하자면 나는 비누 때문에 발리에 간다. 발리에서는 최애 브랜드인 센사티아(SensAtiA)나 코우(KOU) 등에서 만드는, 질 좋은 비누를 다양하게 살 수 있다. 요즘은 통 갈 일이 없었는데 신혼여행을 다녀온 친구가 사다 주었다. 여행 선물로는 비누만을 원한다고 귀띔해둔 결과였다.

며칠 전에는 시드니 여행을 다녀온 지인이 선물로 비누를 건네주었다. 너무나 반기는 내 모습에 비누를 좋아하는지 몰랐다며 신기해했다. 비누를 좋아하는지 몰랐는데도 비누를 사 오다니! 그 사실에 더 기뻐 한참 들떴다. 시드니에도 좋은 비누가 많은 걸까? 꼭 한번 가보고 싶다.

우리 집에는 비누가 딱 네 개 남았다. 다 쓰기 전에 새로운 비누들을 쟁여놓아야 한다. 소원이라면 직접 발리에 가 다량의 비누를 사 오는 것.

늘 집에만 있고 잘 씻지도 않는데 왜 이렇게 비누를 좋아할까. 나도 날 모른다.

주문의 법칙 0.5인분

식당에서 혼자 밥 먹을 때 메뉴를 하나만 시키기에는 허전하다. 두 개를 시키면 무조건 과식이지만 그렇다고 하나만 시키기에는 섭섭하다. 설마 나만 이러나?

아무리 배부르다 한들 쌀국숫집에서 스프링롤을 안 시킬 수 있나? 떡볶이집에 갔는데 튀김이나 순대를 곁들이지 않는 것이 가능한가? 중국집에 가서 짜장면만 먹으면 물리지 않느냔 말이다. 그래서 욕심내지 말자고 스스로 다독이면서도 정신을 차리고 보면 테이블 위에는 음식 두 접시가 올라가 있다.

식도 끝까지 음식을 밀어넣으면서 내가 무슨 짓을 한 건가 싶다. 어떻게든 다 먹어보려고 용써봐도 꼭 애매하게 남는다. 다음부터는 진짜로 하나만 시키겠다고 다짐하지만, 같은 짓을 반복하고 만다.

배달 음식을 주문할 때도 이걸 먹자니 저게 아쉽고, 이 맛만 보자니 저 맛이 필요할 것 같다. 그럴 때마다 기분이다! 라며 두 개 다 시키곤 하는데 결국 버릇이 되어 틈만 나면 기분 내는 사람이 됐다. 남은 음식을 2~3일 동안 먹으면서 그 메뉴가 꼴도 보기 싫어진다.

 매일 내가 차려 먹는 아침을 보고도 여러 사람이 물었다. "집에 누가 왔어요?"

 아무도 오지 않는다.

반드시 고쳐야 할 습관이라고 생각하기에 얼마 전부터 한 가지 실천을 하고 있다. 음식을 0.5인분만 시키겠다고 생각하는 것이다.

분식집에서는 떡볶이+튀김 세트가 1인분 같다. 그렇게 시키면 꼭 남기는데도 욕심을 부린다. 반면 0.5인분만 시키겠다고 생각하면? 떡볶이만 시키게 된다. 0.5인분을 먹고 나서 부족하면 또 시켜야지 생각하지만 결코 더 시킬 일이 없다.

이 실천은 의외로 효과가 좋다. 자연스럽게 두 개를 시키려 하는 나를 저지하며, 나는 지금 1인분이 아닌 0.5인분을 먹으러 왔다! 라고 세뇌하면 된다.

오랜만에 외출한 날. 문득 김밥이 먹고 싶어 지도 앱을 켰다. 줄줄이 뜨는 동네 김밥집과 체인점 중에 국숫집이 떴다. 김밥을 찾았는데 웬 국숫집? 하고 눌러봤더니 국숫집인데 충무김밥도 판다고 했다. 잔치국수에 충무김밥 조합이 맛없을 리가 없잖아.

식당에 들어가 벽에 붙은 메뉴판을 한참 응시하다 보니, 나도 모르게 두 개를 시킬 뻔했다. 가까스로 0.5인분 법칙을 떠올리며 충무김밥만 주문하자 왠지 모를 허전함이 몰려왔다. 잔치국수랑 같이 먹으면 얼마나 잘 어울리겠냐고.

종업원에게 큰 소리로 물었다.

"국수가 양이 많나요?"

답정너 질문이었다. 양이 많다고 대답하세요. 그러나 종업원은 대답했다.

"양이 그렇게 많진 않은데."

이러면 곤란하다. 국수는 절대적으로 양이 많아야 한다. 서둘러 덧붙였다.

"혼자 다 먹기엔 남을 것 같아서요."

"음…… 그럴까요? 남은 김밥은 포장이 되고……."

창과 방패의 대결이었다. 나는 지지 않겠다는 듯 티엠아이(TMI: 지나친 정보 전달)로 응수했다.

"오늘은 계속 외부에 있어야 해서 포장은 좀……."

그러자 종업원은 그런 말까지 들을 줄은 몰랐다는 듯 어색하게 웃었다. 나는 이긴 기분이 되어 외쳤다.

"오늘은 김밥만! 국수는 다음에 먹을게요!"

잠시 후 나온 충무김밥은 한 끼 양으로 충분해 보였다. 거기다 잔치국수 국물로 추정되는 국도 같이 나왔다. 천천히 김밥을 먹다 보니 위가 꽉 차는 느낌. 욕심 내서 국수까지 시키면 큰일 날 뻔했다. 이로써 오늘의 0.5분 식사도 성공.

생각보다 부른 배를 두드리며 계산대로 가니, 종업원은 아까 그 실랑이는 다 무엇이었냐는 듯 희미하게 웃었다.

식당을 빠져나오니 별일도 아닌데 마음이 불렀다. 과식하지 않았구나. 음식에 욕심을 내지 않았구나. 음식물 쓰레기를 많이 만들어 지구에게 미안한 짓을 하지 않았구나. 이렇게 몇 번만 하면 툭하면 터져나오는 식탐이 사라질지도 모른다.

오늘 한 끼를 외식했으니, 저녁은 집에서 만들어 먹어야지.

감기에 걸리지 않는 법

자랑할 것 없는 사람이 할 수 있는 유일한 자랑이자, 세상에서 가장 쓸모없는 자랑이 바로 건강 자랑. 하지만 자꾸 하게 된다.

  손을 자주 씻는다
  눈뜨자마자 양치한다
  여름을 제외하고는 매일 샤워하지 않는다
  귀가 후 바로 손을 씻고 환복한다
  비타민제를 복용한다
  채소와 과일을 많이 먹는다
  매일 햇볕을 쬔다
  사람이 많은 장소나 대중교통에서는 마스크를 쓴다

내가 웬만하면 감기에 걸리지 않는 이유를 적어보았다. 툭하면 감기로 고통 받는 사람들에게 도움이 되길 바란다.

몸에 안 좋은 운동도 있다

매일 밤 윗몸일으키기를 120개씩 했다. 30개 세트를 네 번 반복하는 것이 날마다 하는 운동의 전부였다.

생존을 위한 호흡과도 같은 게 운동이라는 건 알지만, 하기 싫은 걸 어떡하나. 새해마다 이번에야말로 꾸준히 운동하겠다, 마음에 드는 운동 종목을 발견하고야 말겠다, 라고 다짐하지만 정신을 차리고 보면 연말이다. 처음에는 그런 나 자신에게 실망했는데 이제는 '인간이라는 게 원래 그리 연약하지 않은가'라고 생각한다.

문득 엉덩이가 아프기 시작했다. 엉덩이가 아픈 건 처음이어서 당황스러웠다. 특이하게도 근육통의 느낌이 아니라 엉덩이뼈가 아픈 느낌이라는 것. 게다가 왼쪽만 아팠다.

며칠 지나자 윗몸일으키기를 할 때도 엉덩이가 아팠다. 그래도 했다. 운동 전후로는 스트레칭을 더 꼼꼼히 하고, 폼롤러로 몸 구석구석을 이완해주었지만 소용없었다. 밤에 누울 때마다 아이고 소리가 절로 나왔다.

며칠 뒤, 지인이 불쑥 말했다.

"나 갈비뼈에 금이 갔어."

놀라서 물으니 집에서 넘어졌다고 했다. 집에서 뭘 하다 어떻게 넘어졌기에 갈비뼈가 부러졌는지는 묻지 않았다. 어느새 우리는 가만히 숨만 쉬어도 몸이 고장 나는 세월을 건너는 중이 아닌가.

갈비뼈에 금이 간 데는 딱히 할 수 있는 처치가 없기에 그저 행동거지를 조심하고, 뛰거나 무리한 운동을 하지 않는다고 했다. 그럼에도 잔잔한 통증이 이어지고, 뼈가 잘 붙을 때까지 몇 달은 걸릴 것 같다는 말에 내 엉덩이가 걱정되었다. 혹시 내 엉덩이뼈에도 금이 간 걸까.

동네 정형외과를 찾아갔지만 대뜸 의사에게 엉덩이가 아프다는 말을 하기가 그랬다. 아파서 온 병원에서까지 이미지를 관리하는 이유는 무엇인가. 그렇게까지 해서 지켜야만 할 이미지가 내게 있는가. 의사는 자기한테서 등을 돌리고 서서 아픈 부위를 짚어달라고 했다.

"꼬리뼈가 아픈 것 같은데요."

"(꼬리뼈 부분에 손을 대며) 여기요?"

확실히 그쪽이 아니었다.

"거기가 아니고, 엉덩이네요."

아픈 부위를 손으로 눌러서 보여줬다. 의사는 애초부터 꼬리뼈 이야기를 왜 한 거냐는 듯이 내 엉덩이 부분을 살짝 눌렀다.

"여기 엉덩이 부분이요?"

"네."

"일단 사진을 찍어보죠."

방사선실에서 이리 눕고 저리 누우며 사진을 찍고서는 진료실로 다시 들어갔다. 의사는 컴퓨터 모니터를 보면서 말했다.

"뼈에는 문제 없고, 근육통 같은데…… 요즘 예전과 다르게 몸을 쓰신 적이 있나요?"

머릿속에서 단 한 단어만이 맴돌았다. 윗몸일으키기. 윗몸일으키기. 윗몸일으키기. 이번만큼은 솔직하게 털어놓았다.

"윗몸일으키기를 매일 했어요."

"윗몸일으키기요?"

"예, 근데 막 격하게 한 건 아니고 매일 조금씩이요."

나의 건강 전도사인 윗몸일으키기를 커버 치게 됐다. 윗몸일으키기 때문에 이렇게 되었다는 것을 인정하고 싶지 않았고, 윗몸일으키기의 해악을 알리고 싶지도 않았다.

"요샌 윗몸일으키기 아무도 안 하는데."

의사의 시니컬한 멘트에 저절로 치고 나갔다.

"아니, 옛날처럼 막 상체 올리면서 하는 게 아니라 약간만 움직이면서 해요. 이렇게요."

내가 한 운동의 정당성을 입증하기 위해 상체를 인사하듯 살짝 숙여 보였지만 그게 윗몸일으키기일 리가 없다. 역시나 의사는 가소롭다는 듯 대꾸했다.

"그래도 상체를 격하게 굽히는 운동은 맞죠. 그렇게 특정 부위만 움직이는 운동이 몸에 무리를 줍니다. 윗몸일으키기 하지 마세요!"

갑자기 매일의 루틴이 사라졌다. 윗몸 좀 일으켰다고 병원 진료를 받아야 하는 내 신체에 대한 안타까움이 흘렀다. 아무렇지 않게 해왔던 것들의 결과가 병원행일 때 인간은 비로소 늙음과 마주한다. 내 몸은 예전처럼 움직이면 안 돼, 라고 부지런히 잔소리하고 있었다.

치료를 계속 받아도 차도가 없어, 요통 동지인 지인에게 소개받은 정형외과에 갔다. 건물 전체가 정형외과인 깔끔한 병원이었는데 들어서자마자 환자들로 북적이고 있었다. 다리에 깁스를 한 사람, 목에 보호대를 한 사람, 눈에 띄게 조심스레 걷는 사람. 다른 병원과 달리 정형외과는 병원에 들어서는 순간 동지애가 들끓는다. 굳게 닫힌 진료실 너머로 아앗! 크헉! 엄마아! 소리가 울려퍼졌다. 저절로 기도하듯 두 손을 마주 잡았다.

내 차례가 되어 진료를 받으니, 허리 디스크 속 젤리가 튀어나온 것 같다는 얘기를 들었다. 결국 디스크가 터진 것일까. 충격으로 한동안 멍해 있으니 의사가 말했다.

"확실한 건 근육통으로 보이지는 않는다는 겁니다. 이런 통증이 있을 경우 물리치료를 하거나 도수치료를 하는데 다 소용없고요. 그 외의 방법을 찾아봐야 해요."

의사는 비장한 표정으로 허리에 좋은 스트레칭을 알려주었다. 매일 15분 간격으로 허리와 가슴, 목을 쭉 앞으로 당기며 5초간 멈추기. 이걸 한 시간에 네 번, 자는 시간을 빼면 하루에 예순네 번 하라고 했다. 의사는 친절하게도 스마트폰을 가져가더니 타이머 설정까지 해주었다.

"알려드린 동작 하시고요. 일주일 후에 뵐게요."

나는 좀 막막해져서 물었다.

"15분에 한 번이면, 걸을 때는 어떡하죠?"

의사는 뭘 그리 당연한 걸 묻느냐는 듯 대답했다.

"멈춰 서서 해야죠."

잠시 나와의 시간이 필요할 것 같아 커피 한잔하고 가기로 했다. 카페에 멍하니 앉아 있으니 저 멀리 어르신 세 분의 대화 소리가 들려왔다.

"우리 나이엔 운동도 무리하면 안 된대."

"근데 무리 안 하는 운동은 재미가 없지."

"그렇지, 내내 천천히 걸으라고만 하는데 그건 재미없잖아."

"맞아, 해도 된다고 하는 건 다 재미가 없어."

가슴에 사무치는 대화를 듣고 있자니 좀 전에 의사가 한 말이 떠올랐다.

"(컴퓨터 모니터를 보며) 음……. 김신회 님 나이를 보면…… 과격하게 허리를 접었다 펴는 운동을…… 왜 하셨는지……. 허리통증은 운동해야 낫는다고들 하는데 나이 들면 다 필요 없고요. 이 나이 되면 오래 걷는 것도 안 좋아요."

나이라는 말이 대체 몇 번 나오는 거냐. '연세'가 아니었다는 데 안심해야 할까. 그날따라 유난히 커피가 썼다.

고요한 밤의
소중함을 모르는 어른은 없다

밤이 되면 일찌감치 침대로 간다. 거실에 있다 책을 들고 침실로 가면, 소파에서 쉬던 개는 부리나케 따라온다.

매일 밤 10시쯤. 집 안의 불은 모두 끄고, 침대 옆 조명만 밝힌 채 이불을 덮고 누우면 개도 슬슬 잠자리를 찾는다.

침대에 일찍 들어가더라도 금세 자지는 않는다. 고요한 밤의 소중함을 모르는 어른은 없다. 자기 전에는 유난히 할 일이 많다.

먼저 기도를 한다. 기도는 앉아서 두 손을 모으고 하는 것이라는 인식이 있지만 나는 요통 환자인 관계로, 침대에 반듯이 누워서 한다. 오늘에 대한 감사와 내일에 대한 준비와 기대, 주변 사람들을 위한 기도도 한다. 기도를 마치면 성경책을 읽는다.

그다음엔 만화책을 읽는다. 평소 사두었던 만화책을 아껴놨다가 자기 전에 한 권씩 비닐을 벗겨 읽는 일이 즐겁다. 밤에는 중간에 덮어도 아쉽지 않은, 가벼운 일상을 다룬 만화가 잘 어울린다. 침대 옆 테이블 위에는 늘 책이 대여섯 권씩 쌓여 있는데, 만화를 읽다가 지겨워지면 그중 마음에 드는 걸로 골라 조금씩 읽는다.

책을 읽다 보면 어느새 공상이 이어진다. 언제든 메모할 수 있게 침대 옆 탁자 위에 수첩을 놔두는데, 마음에 드는 공상은 내일 쓸 원고 제목으로 써둔다. 넉넉히 서너 개쯤 제목이 모이고 나면, 아직 오지 않은 내일에 대한 기대감이 쌓인다.

기분이 내키면 일기도 쓴다. 그중에서도 가장 자주 쓰는 건 내일 아침 메뉴다.

아침)

치아바타샌드위치 (로메인, 에멘탈치즈 넣어서. 버터갈릭소스 만들어서)

양배추토마토스프

사과 한 개

커피

딱히 군침이 도는 메뉴들은 아니지만 써놓고 나면 뿌듯하다. 내친김에 저녁 메뉴도 적는다.

저녁)

떡볶이

내일 할 일도 네댓 가지 적는다. 너무 사소해서 계획이라 하기 뭣해도 진지하게 적어본다.

도서관에 책 반납
재활용 쓰레기 버리기
집 안 물걸레질
우체국 가기
풋콩이 배변 패드 주문하기

여기서 포인트는 진정하기. 하루를 내 뜻대로 쓸 수 있다는 이유로 이것저것 과하게 계획하다가는 '오늘의 나'를 '내일의 나'가 원망할 수 있다. 가뿐하게 해낼 만한 계획을 세우고, 시간이 남을 때 하고 싶은 일을 추가로 하면 된다.

그러다 졸음이 다가온다 싶으면 불을 끄고 눈에 아이마스크를 올리고 잘 준비를 한다.

나보다 일이 중요했던 시절이 있었다. 몸을 갈아 넣어서라도 해야 할 일이 있었고, 피로감은 곧 성취감으로 연결되었다. 하지만 이제는 그렇게까지 해야 할 일이 없다. 그렇게까지 열심히 하고 싶은 일도 없다. 내 몸은 내가 지켜야 한다는 생각을 적극적으로 하지 않는데도 자연스럽게 내 몸을 지키고 있다.

언제인가부터 시간을 아껴 써야 한다는 말에 공감하지 않게 됐다. 나는 시간을 낭비하고 싶다. 낭비하는 시간 사이사이, 달성하고 싶은 몇 가지만 정해두고 바짝 집중하고 싶다.

기분 좋은 바람이 솔솔 통하는 일상을 지키기 위해서라도 고요한 밤은 꼭 필요하다. 한순간도 강압적이지 않은, 여유가 물처럼 흐르는 하루의 한 조각. 그 안에서 나는 오늘을 정리하고 내일을 준비한다.

그 집은 이제 없어요

독자에게 메일 한 통을 받았다. 그는 글을 쓰며 살고 싶다는 포부를 밝히며 메일 끝에 이렇게 썼다.

저도 언젠가 작가님처럼 집을 사고 싶어요.

답장을 보냈다.

그 집은 이제 없어요!

몇 년 전에 책이 많이 팔려서 집을 샀다는 이야기를 책에 쓴 후로, 본의 아니게 내 집 마련 전도사가 되었다. 정작 그 집은 이제 없는데 책에서는 여전히 자가를 보유한 작가로 머물러 있다.

 예전에 있던 집이 없어진 이유는 집을 팔아서 글 쓰는 삶을 유지해야 했기 때문이다.

서글프게 들릴 수 있지만 결코 그렇지 않은 것이 팔 집이 있었다는 게 어딘가. 집이 있었기 때문에 몇 년간 걱정을 덜면서 일했고, 고민 없이 풋콩이를 입양했다. 집을 판 돈으로 지금의 전셋집에도 들어올 수 있었다. 이 모든 과정이 글 쓰며 먹고사는 사람에게는 좀처럼 가능하지 않은 일이다. 글을 써서는 먹고살기 어려운데도 글로 먹고사는 나는? 굉장히 특별한 케이스라는 걸 안다.

영화 산업이 아무리 어려워져도 재밌다는 영화에는 관객이 들고, 책 시장이 아무리 불황이어도 매년 베스트셀러는 나온다. 그래서 언젠가부터 출판계가 어려워 힘들다는 말을 안 하게 됐다. 업계 사람들을 만나도 암울한 현실에 대해서는 말을 아낀다. 이 바닥은 오늘이 가장 호황이라는 것을 모두가 알고 있다. 안타깝지만 직면해야 하는 현실이다.

동네 서점지기가 진행하는 팟캐스트 〈스페인책방 라디오〉에 나와 함께 일한 적 있는 동네 서점지기들이 출연했다. 동네 서점을 떠올리면 동지 의식이 느껴져 저절로 아련한 눈빛이 되는데, 그들의 활기찬 대화에 힘이 났다. 진행자가 이런 말을 했다.

"(앞으로도) 책 안 팔린다 같은 부정적인 이야기는 최대한 하지 않고, 좋은 이야기만 하고 다니는 거예요. 요즘 사람들이 책 선물 진짜 많이 하더라! 이러면서요. 서동요 기법으로!"

무턱대고 밝은 사람을 이해 못 하던 시절이 있었다. 긍정적인 정신 승리는 인생에 도움 될 리 없다고, 세상을 더 이롭게 하는 건 냉소라고 믿었다. 밝음은 구리고, 어둠은 쿨하다는 핑계로 내내 방구석에 머물러만 있었다.

하지만 방구석 냉소는 힘이 없다. 어떻게든 털고 일어나, 뭐라도 해보겠다는 마음에서부터 시작되는 일이 더 많다. 깨달음은 늦고, 행동은 굼뜨지만 이제는 앓는 소리 대신 씩씩한 말을 해보기로.

여러분, 책 재밌어요! 책 사세요!

천천히, 함께 걷기

처음 꽃향기를 맡은 순간

"함께 부딪히고 싶어."

티브이를 보면서 빨래를 걷던 손이 멈췄다. 갑자기 날아든 어마어마한 대사에 가슴이 찌릿했다. 저런 말을 다 하다니.

드라마 속 두 여성은 학창 시절부터 사귀던 사이다. 세월이 흘러 한 사람은 남자와 결혼해 아이를 낳아 키우며 살고, 다른 한 사람은 여전히 싱글인 채로 옛 사랑을 그리워하며 지낸다. 그러던 중 우연히 서로를 다시 만나게 된다. 알고 보니 결혼했던 사람은 이혼해 홀로 살고 있고, 다른 한 사람은 그 사실이 기쁘면서도 마음이 복잡하다.

결국 둘은 용기 내어 만남을 시작하지만 각자의 사정 때문에 관계는 부드럽게 이어지지 않는다. 한 사람은 아이 문제로 전남편과 자주 연락할 수밖에 없고, 다른 한 사람은 그걸 번번이 모른 척하거나 이해하기 쉽지 않다.

어느 날, 떨어져 사는 아이를 떠올리며 괴로워하는 연인에게 상대방이 이렇게 말한 것이다.

"함께 부딪히고 싶어."

살면서 저런 말을 한 적이 있나? 당연히 없다. 앞으로도 과연 할 일이 있을까 싶다. 어깨를 짓누르는 일이면 무엇이든 피하기 급급했던 내가 누군가에게 저런 말을 할 수 있을까.

나는 나와 다른 세계를 맞이하는 일이 두려워서 사람을 깊게 만나지 못한다. 서로 다른 두 세계가 합쳐지는 일은 얼마나 엄청난 일인가. 아니, 두 세계가 과연 합쳐질 수 있는가.

함께 부딪히고 싶다는 각오란 얼마나 대단한지. 그 말을 입 밖에 내는 순간 사람은 조금 강해질 것 같다. 어떻게든 같이 헤쳐나가겠다는 마음. 나에게는 여전히 없는 마음.

내 취향에는 조금 짐짐한 드라마였지만 어쩐지 계속 보고 싶어졌다. 곧이어 또 어마어마한 대사가 튀어나올 것 같아서.

어느덧 개 엄마

며칠 전, 옆 동네에서 누군가가 개를 잃어버렸다는 소식이 들렸다. 출장 때문에 지인 집에 맡긴 개가 잠시 열린 문 사이로 뛰어나갔다고 한다. 여전히 쌀쌀한 날씨에 목줄도, 옷도 없이 거리를 배회 중이라고 한다.

아는 개는 아니지만 혹시 마주치지 않을까 싶어 외출할 때마다 두리번거렸는데, 오늘은 우리 집 공동 현관 앞에도 전단지가 붙었다. 아무것도 모른다는 표정으로 앉아 있는 개의 사진에 눈앞이 캄캄해졌다. 그 앞에 한참을 서 있으니 풋콩이가 어리둥절한 표정으로 나를 올려다봤다.

하룻밤 사이에 자식 같은 개를 잃어버린 사람의 심정이 어떨지. 매일 자책과 후회로 방방곡곡을 누빌 보호자를 상상하니 코끝이 찡했다. 강아지야, 어디 있니. 얼른 집에 가자.

테이프로 붙인 전단지 끝부분이 떨어지지 않도록 손으로 단단히 눌렀다. 갑자기 심각해진 분위기를 감지한 풋콩이는 앉은 자세로 얌전히 기다렸다.

그동안 부모들이 하는 '목숨보다 소중한 아이'라는 말을 온전히 이해하지 못했다. 으레 접하는 관용구처럼 들렸고, '부모라면 그렇겠지' 짐작만 했다. 하지만 개와 함께 살고 나서부터는 절로 마음에 스민다. 나는 풋콩이를 위해 죽을 수 있지만 죽을 수 없다. 풋콩이를 두고 죽을 수 없기 때문이다. 간절한 바람이라면, 내 수명을 반 떼어 풋콩이랑 나눠갖고 싶다.

개의 세상의 전부는 보호자이지만, 보호자의 세상 역시 개가 전부다. 인간이 산책을 시켜'주고', 놀아'준다'라고 말하지만 개는 그보다 더 많은 것을 인간에게 내어준다. 이 개는 나 없이도 잘 살겠지만, 나는 이 개 없이 잘 살지 모르겠다. 살면서 이만큼 행복을 안겨준 존재는 없었다. 이런 말이 누군가에게는 '목숨보다 소중한 아이'에 대한 이야기로 들리겠지.

풋콩이는 나의 첫 반려견이다. 약 5년 전, 슬개골이 탈구된 채 공항에 버려진 한 살 추정 강아지였던 '리나'. 시 보호소에 입소 후 안락사를 앞두고 있던 리나는 동물보호단체에 의해 구조되었고, 두 곳에서의 임시 보호를 거쳐 나의 가족이 되었다. 전부터 개를 입양해야겠다는 생각은 해왔지만 다양한 이유로 망설이고 포기해왔는데 '리나'를 보는 순간 이제까지의 망설임은 다 뭐였나 싶었다.

하지만 함께 살기 시작한 뒤, 가장 많이 한 생각은 '힘들다'였다. 하루라도 빨리 적응하고 싶어서 수시로 산책하고 교육하는 동안 기쁨보다 피로감이 더 컸다. 아무리 가르쳐줘도 똑같은 실수를 반복하는 개를 볼 때마다 '이걸 왜 몰라? 몇 번씩이나 알려준 걸 왜 못해?' 하며 답답했다. 과연 그 과정에 애정과 너그러움이 있었을까.

메마른 마음은 호칭에서도 드러났다. 개와 산책할 때마다 동네 어르신들은 인사를 건넸다. "엄마랑 산책 나왔구나?", "아이고, 엄마만 보네!"

그 말을 들을 때마다 속으로 한 생각은 '엄마 아닌데……'였다. 나는 개에게 '엄마'가 아닌 '보호자'라는 호칭을 썼다. '보호자가 밥 줄게', '보호자, 밖에 나갔다 올게?'라며 호칭이 아닌 역할을 이름으로 사용했다. '애는 개일 뿐, 나는 개의 엄마가 아니야. 그냥 보호자야'라며 선을 그었다. 엄마라는 단어는 듣는 것도 발음하는 것도 부담스러웠다.

엄마라는 말은 왜 이리 무거울까. 두 음절 안에서 느껴지는 사랑과 희생, 눈물, 속상함, 미안함, 후회, 분노, 죄책감 등은 적어도 내 인생에 없는 것이길 바랐다. 어렸을 때부터 엄마가 되고 싶었던 적이 없다. 엄마는 늘 힘들어 보였기 때문이다. 행복과는 멀어 보이는 엄마의 모습을 보고 자라면서 '엄마는 힘든 것, 엄마가 되면 불행해진다'라는 고정관념은 내 안에 뿌리박혔다.

고민 끝에 개를 가족으로 맞았지만 툭하면 선을 긋는 습관에는 변함이 없었다. '나는 이 개의 엄마가 되지는 않을 거야. 이 개로 인해 불행해지지 않을 거야.' 그 마음이 오히려 나를 더 불행하게 만들었다. 개를 훌륭하게 훈련하는 일에만 몰두해 마치 숙제를 해치우는 사람처럼 허덕였다. 정작 개에게 필요한 건 편안한 애정이었을 텐데 나는 그걸 줄 수 있는 사람이 아니었다.

하지만 개는 사람을 고집대로 살게끔 내버려두지 않는다. 아무리 난 네 엄마가 아니라고 주장해도 새끼처럼 파고든다. 잘못된 행동에 호되게 혼나고도 어느새 내 옆에 엉덩이를 대고 앉는다. 뭔가 마음에 안 들어 이빨을 드러내다가도 얼른 만져달라며 배를 까고 드러눕는다.

인간의 사고방식으로는 이해되지 않는 행동들에 웃음을 터트리면서 점점 개에게 굴복했다. 개와 함께 산 지 3년이 되어갈 즈음, 나도 모르게 말했다.

"풋콩아, 엄마가 해줄게. 엄마한테 와봐!"

하루는 동물을 아끼는 친구가 그랬다.

"나는 왜 이렇게 동물이 좋을까? 왜 동물은 예쁘기만 할까를 생각해본 적이 있어요. 아마도 동물한테는 서운한 마음이 안 들어서인 것 같아요. 사람한테는 어쩔 수 없이 서운함이 생기잖아요. 왜 내 마음을 몰라줘, 내가 이렇게 했는데 넌 왜 그래, 하면서요. 그런데 동물한테는 그런 마음이 안 들어요. 잘못해도 일부러 그러는 게 아니니까."

조금만 일찍 들었다면, 온전히 이해하지 못했을 말에 절로 수긍했다. 그러고 보니 풋콩이에게 서운함을 느끼지 않게 되었을 때부터 '엄마'라는 호칭을 썼다. 이제는 풋콩이가 뭘 해도 귀엽다. 어떤 잘못을 해도 화가 나지 않는다. 아무리 줘도 부족한 것 같고, 미안한 마음만 든다. 어린 시절, 내 눈에는 힘겹게만 보인 엄마도 분명 이런 마음으로 나를 키웠겠지.

'나는 너를 보호하는 사람이야. 그게 바로 사랑한다는 뜻 아니겠어?'가 '나는 너를 사랑해. 나는 너의 엄마여서 행복해'가 되기까지 남들보다 긴 시간이 걸렸다. 엄마처럼 살지 않기 위해 이 악물어온 시간을 지나 이제는 내 마음에 깃든 궁휼함에 오히려 내가 위로받는다.

어느덧 가족이 된 지 5년이 지나 추정 나이 여섯 살이 된 풋콩이. 이제는 곯아떨어진 모습만 봐도 마음이 찡하다. 언제 이렇게 시간이 많이 흘렀는지. 앞으로 함께 보낼 수 있는 시간은 얼마나 될지. 절로 떠오르는 안 좋은 생각들을 떨쳐내며 풋콩이를 쓰다듬는다. 내가 이 작은 개한테 서운함을 느꼈다고? 화를 내고 다그쳤다고? 대체 왜? 당시에는 그럴 만했다고 생각했던 행동들이 이제는 다 같잖다. 훈련을 핑계로 충분히 사랑해주지 못했던 시간을 되돌리고 싶다. 우리가 함께한 첫 1년이 풋콩이에게는 10년 같지 않았을까. 평생 가족을 만나고도 외롭지 않았을까.

나는 어엿한 '풋콩맘'이 되었다. 친구도 보호자도 아닌 엄마다. 이 개를 무조건 책임질 거라는 것, 우린 끝까지 함께할 거라는 것, 함께 있으면 행복과 웃음이 넘치게 될 거라는 걸 5년 전의 나는 알지 못했다. 하지만 이제는 안다. 살면서 한 선택 중 결코 후회하지 않는 것은 풋콩이와 가족이 된 것, 하나다.

부산 조카들의 서울 나들이

부산에서 아이들을 키우며 사는 후배가 우리 집을 방문하기로 했다. 개를 좋아한다는 아홉 살짜리 딸과, 기차를 타보고 싶어 하는 다섯 살 된 아들에게 최적의 나들이가 될 전망이었다. 과연 내가 '애개육아'를 감당할 수 있을까. 마음은 기대 반 긴장 반이 됐다.

첫날은 기차역에서 후배를 픽업해, 아이들이 좋아할 만한 곳에 가서 놀다가 저녁에 우리 집으로 와서 하룻밤 자고, 다음 날은 풋콩이와 동네 근처에서 산책하면서 놀기로 했다. 그리고 후배와 아이들은 서울에 사는 외삼촌 집으로 이동할 예정이었다. 계획만 들어서는 가뿐하고 평화로운데 실제로는 어떨지.

후배와 아이들을 기차역에서 만났다. 오랜만에 만난 후배는 여전히 상큼한 웃음으로 나를 반겼다. 후배 양옆에는 긴 머리에 리본 머리띠, 레깅스에 어그 부츠로 멋을 낸 큰 딸과 깔깔이 점퍼를 입은 채 처음 와본 큰 기차역에 어리둥절한 둘째가 서 있었다. 후배가 말했다.

"이모한테 인사해야지."

"이모, 안녕하세요."

처음 본 이모를 어색해하면서도 반가워하는 아이들 모습에 웃음이 흘렀다. 첫째는 내가 자기처럼 머리가 길다는 것을 유난히 반가워했다. 오기 전부터 이모 머리 기냐고 물어봤다고 한다.

아이들은 내 차 뒷좌석에 오르며 말했다.

"우와, 이모 차 냄새 좋다."

"냄새가 좋아?"

"네, 이모 차 냄새 좋아요."

냄새 좋은 차를 타고 수족관으로 향했다. 어린이들이 실제로 보고 싶어 하는 해양 동물들이 많아서 지역 도시에서 방문하는 학부모들은 꼭 이곳을 관광 코스에 집어넣는다고 한다. 우리 동네와도 멀지 않아서 예전에 한번 가봤는데, 거기 있는 동물들이 불쌍해서 보는 내내 울적했던 기억이 있다. 하지만 어린이들에게는 그들만의 감정이 있겠지.

건물 주차장에 들어서니 아이들이 웅성대기 시작했다. 첫째가 먼저 말했다.

"나 이모 손 잡고 갈 거야. 엄마 손 말고."

그러자 둘째가 거들었다.

"나도 이모 손 잡을 거야. 엄마 손 말고."

후배는 늘 있는 일인 양 피식 웃었다. 차에서 내리니 아이들은 부리나케 걸어와 내 손을 하나씩 움켜쥐었다. 얼마 만에 잡는 작은 손들인지. 만난 지 30분도 지나지 않은 어른에게 냅다 손을 맡기는 아이들의 모습은 귀여움을 넘어 감동이었다.

봄방학 기간의 수족관은 어린이들과 보호자들로 북적였다. 유모차를 타기로 한 둘째는 후배가 맡고, 첫째는 나와 한 팀이 되었다.

첫째는 겁이 많은 성격 같았다. 수족관 유리 너머로 큰 물고기가 쓱 지나가면 놀라지 않은 척했다. 못 본 척하는 게 예의인 것 같아 잠자코 있었지만 어렸을 때 내 모습을 보는 것 같았다. 초등학생의 쿨한 척은 시대를 뛰어넘는구나.

수족관에는 머리 위까지 수조로 만들어진, 어두운 터널이 많았는데 그 앞에서 첫째는 내 앞에 서더니 내 양팔을 자기 어깨에 둘렀다. 백 허그를 한 자세로 걸어갈 모양이었다. 나는 눈이 좋지 않은 데다 야맹증도 있어 어두운 곳에서는 잘 걷지 못한다. 자칫하면 둘 다 넘어질 것 같아 첫째 옆에 서서 어깨동무를 하며, 이렇게 걷자고 유도하니 그건 싫다고 했다. 첫째는 다시 내 앞으로 가더니 내 양팔을 자기 어깨에 감았다. 평소에 이 자세를 좋아하나?

어쩔 수 없이 엉거주춤한 자세로 조심조심 걸음을 떼자, 첫째는 엄청 빠르게 걷기 시작했다. 나를 망토 삼아 어두운 터널 수조에서 어서 빠져나가고 싶었던 거다. 결국 우리는 터널 수조만 나오면 백 허그 상태에서 일사불란하게 움직였다.

어린이들은 입을 헤 벌린 채 여기저기 구경하며 신이 났지만, 어린이들의 보호자들은 하나같이 비슷한 얼굴을 하고 있었다. 억지 텐션을 끌어올리며 정신수련을 하는 사람들도 있었지만, 대부분은 지독한 독감에서 벗어난 지 반나절 정도 된 얼굴을 하고 있었다. 내 얼굴 사정도 마찬가지였을 것이다.

게다가 수족관은 처음 10분 정도는 재미있을지 몰라도 좀 더 있다 보면 답답해서 출구만 찾게 된다. 혼자 왔다면 진즉 빠져나가 커피 한잔 때렸을 텐데 지금은 그럴 수도 없고. 나는 괜히 입맛을 다시며 돌아다녔다.

같은 시간, 후배 역시 둘째와 분투 중이었다. 겁 없고 호기심이 왕성한 둘째는, 모든 수족관 앞에서 자리를 뜨지 못하고 물고기들을 보고 또 보았다고 한다. 그러고는 피곤했는지 유모차에 누워 곯아떨어졌다고. 한참 후 후배는 나와 첫째가 쉬고 있던 계단형 벤치로 왔는데, 벤치는 이미 생태체험을 기다리는 사람들로 인산인해를 이루고 있었다. 후배가 우리 쪽으로 오려면 잠든 아이를 들쳐 업고 올라와야 했다. 나는 사람들 사이에 끼어서 이러지도 저러지도 못하다가, 어떻게든 내려가 후배를 도우려고 했다.

그런데 후배는 잠에 빠져 축 늘어진 아이를 한 손으로 번쩍 안더니 인파를 헤치며 저벅저벅 걸어왔다. 작고 가녀린 몸집의 후배가 10킬로그램이 넘는 아이를 안고 다가오는 모습은 마치 캡틴 마블이 등장하는 것처럼 웅장했다.

몇 년 전까지만 해도 손에 힘이 없어 음료수 뚜껑도 제대로 열지 못하던 후배는 어느새 캡틴 마블의 세계에 당도해 있었다.

드디어 귀가 시간. 아이들은 좀 있으면 풋콩이를 만난다며 잔뜩 들떴다. 특히 개를 너무나 좋아한다는 첫째는 얼른 만나고 싶다며 안달이었다. 집에서 긴 시간을 혼자 기다렸을 풋콩이는 우리가 현관문을 열고 들어가자 반가움에 뛰쳐나와 꼬리를 치고 빙글빙글 돌았다. 그런데.

오래 기다려 지친 데다 배까지 고팠던 풋콩이는 아이들을 보고 짖기 시작했다. 개를 유난히 좋아한다는 첫째. 예전에는 개를 무서워했지만 더는 두렵지 않다던 후배. 그리고 아무 생각 없는 둘째. 셋은 무턱대고 짖어대는 풋콩이 앞에서 얼음이 됐다. 세 사람은 마치 동상처럼 한자리에 서서 그대로 굳어 버렸다. 그 모습에 풋콩이는 더 짖고, 내가 아무리 달래봐도 진정이 안 돼서 그냥 개를 안으며 말했다.

"다들 그냥 그 자리에 앉아봐."

셋이 편안하게 바닥에 앉으면 풋콩이도 흥분을 가라앉힐 것 같아 한 말이었지만, 무서워죽겠는데 앉을 수가 있겠나. 세 사람은 3인 4각 달리기를 시작할 선수들처럼 딱 붙어 선 채 한 발자국도 움직이지 못했다. 잠시 후 팔이 아파 풋콩이를 내려놓자 풋콩이는 또 짖고, 후배와 아이들은 얼음이 되고. 난감하고 미안하고 웃기고, 그야말로 대환장 파티였다.

아무리 시간이 지나도 풋콩이와 방문객들의 거리는 좁혀지지 않았다. 아이들은 기껏 이모 집에 와서는 인형처럼 소파에만 앉아 있었다. 풋콩이는 한동안 잠잠하다가도 아이들이 소파에서 조금만 움직여도 세차게 짖었다. 그 모습에 가장 식겁한 건 후배였다. 이제 개에게 익숙해졌다던 후배는 다시금 개 공포증이 도진 모습이었다.

그래도 여기까지 왔는데 밥은 먹어야지. 허겁지겁 배달 음식으로 저녁을 먹은 후배는 하루 먼저 동생 집에 가겠다고 했다. 갑작스러운 결정이었지만 모두에게 바람직한 선택 같았다. 지금 우리 집에 있는 생명체 중에 이 상태로 하룻밤을 더 보내고 싶은 존재는 아무도 없었다.

잠시 후 후배는 아이들과 짐을 챙겨 택시를 타고 떠났다. 한바탕 소동이 사라진 고요한 집에 풋콩이와 나만 남아 멀뚱멀뚱 앉아 있었다.

다음 날, 정신을 차리고 보니 그렇게 간 후배와 아이들한테 미안해서 마음이 편치 않았다. 특히 반나절 동안 짝꿍이었던 첫째와는 정이 많이 들었다. 생각나는 대로 질문을 퍼붓던 모습. 풋콩이의 짖음에 당황하면서도 자꾸만 만지고 싶어 다가오던 모습. 살짝 말려 올라간 속눈썹이랑 서울에 온다고 네일숍에서 받았다는 손톱, 눈을 마주치며 들뜬 미소를 짓던 얼굴도 모조리 보고 싶었다.

후배에게 전화를 거니 부산으로 돌아가는 길이라고 했다. 내가 미안해, 아니 내가 더 미안해 대결을 마치고 첫째를 바꿔달라고 했다.

"○○아, 이모야."

"네."

"풋콩이랑 놀고 싶어서 왔는데 그렇게 가서 이모가 너무 미안해."

"네."

"하고 싶은 게 많았는데 풋콩이가 자꾸 짖어서 힘들었지?"

"네."

"이모도 그랬어. 같이 카페도 가고 산책도 하고, 이야기도 하고 놀려고 했는데, 못 해서 너무 아쉬워."

"네."

"…… 그래, ○○아. 잘 가고 다음에 또 만나자?"

"네."

나의 성토에 아이의 '네'만 반복되는 대화가 맞나 싶어 머뭇거리자 아이가 말했다.

"이모, 다음에 부산 놀러 오세요."

수족관에서 아이는 좋아하는 음식이 밀면이라고 말했다. 나도 밀면을 좋아한다고 했더니 그랬다.

"이모, 부산에 오면 밀면 열 그릇, 아니 백 그릇 사줄게요. 만두도 사줄게요."

그때까지만 해도 신이 나 어쩔 줄을 모르던 아이의 표정이 떠올라 잠시 눈물이 날 뻔했다. 근데 여기서 울면 이상하잖아. 애써 들뜬 목소리로 대답했다.

"응, ○○아. 이모 꼭 갈게! 이모랑 밀면 먹자!"

"네."

금방 가겠다고 약속했지만 실제로 금방이 될까. 어렸을 때 나는, 좋아하는 이모가 집에 놀러 온다고 말하면 매일 날짜를 세며 기다리던 꽉 막힌 아이였다. ○○이는 어떨까. 이미 실망을 좀 시킨 것 같지만 어떻게든 만회해야지.

그런데 ○○이는 부산에 나 혼자 가는 걸 원할까, 풋콩이도 같이 가는 걸 원할까. 그렇게 당하고도 풋콩이가 보고 싶을까. 어쨌든 조만간 부산행 기차를 타야겠다. ○○아, 곧 만나자!

도서 정기배송

절친의 생일이 다가왔다. 우리는 매년 서로가 원하는 물건을 사주는 걸로 선물을 대신하는데, 친구는 올해 갖고 싶은 게 떠오르지 않는 눈치였다. 나 역시 작년 생일에 그랬다. "필요한 거 없어?"라는 질문에 아무 생각이 안 난 지 꽤 됐다.

　그래서 또 다른 절친과는 매년 서로의 생일에 만나, 생일자가 먹고 싶은 음식을 먹는다. 밥값은 생일 아닌 사람이 낸다. 선물 대신 1년에 한 번 정도는 무리해서라도 먹고 싶은, 입이 떡 벌어지는 음식을 같이 먹는다. 작년 내 생일에는 대게를 먹었다. 조금 있으면 친구 생일인데 비싼 거 골랐으면 좋겠다. 나도 비싼 거 먹어보게.

　이번에 생일을 맞은 친구는 시간이 한참 지난 후에도 받고 싶은 선물을 정하지 못했다. 마음이 급해져 다시 물으니 친구는 좀 더 시간을 달라고 했다.

번쩍하는 아이디어는 대부분 설거지할 때 떠오른다. 그날도 설거지를 하다 친구가 좋아할 만한 선물이 떠올랐다. 친구에게 카톡을 보냈다.

— 저 생선 아이디어가 불현듯 떠올라서
— 뭐져
— 6개월 동안 매달 한 권씩 책 골라서 보내주기영
　퍼스널 북쇼퍼처럼
— 와

— 짱 좋아!

— 천재세요?

내가 받아도 기쁜 선물이 될 것 같아 아이디어를 설명하는 동안 두근거렸다. 농부인 친구는 장흥에 살고 있어 1년에 몇 번 만나지 못한다. 사시사철 농사일로 바빠 요즘 어떤 책들이 나와 있는지 수시로 살피지 못하지만 책을 무척 좋아한다. 친구는 한 달의 시작마다 설렘을 느끼고 싶다며 책 배송일을 매달 첫날로 정했다. 월말마다 책을 한 권씩 골라 친구의 집으로 보내주기로 했다.

며칠 동안 머릿속은 친구에게 보낼 책 생각으로 가득 찼다. 재미있게 읽은 책들이 줄줄이 떠올랐지만 모두에게 좋은 책 말고 친구의 취향만을 저격하는 책을 고르고 싶었다. 평소 친구가 좋아하는 것들을 떠올렸다. 필요한 게 뭘지도 생각해봤다. 서점에 갈 때마다 신간을 체크하고, 이 책 저 책 살폈다.

선물을 고를 때마다 느낀다. 하나하나 고민하고 망설이며 고르는 시간도 선물에 포함된다는 것을. 앞으로 여섯 달은 친구에게는 물론 나에게도 선물 같은 시간이 될 거다.

선물할 책은 미리 골라두지 않기로 했다. 매달 고르는 기쁨을 누리고 싶어서. 처음엔 먼저 읽어본 책을 선물하는 게 좋을 것 같았는데, 궁금한 책을 친구에게 먼저 건네는 것도 의미 있을 것 같았다. 다양한 즐거움을 경험할 수 있도록 장르도 치우치지 않게 골라야지.

드디어 첫번째 배송책을 골랐다. 출간된 지 며칠 안 된 요리책이다. 설레는 마음으로 택배를 보냈고, 책을 받은 친구는 이렇게 리액션을 보내왔다.

― 하……. 취저…….
― 나 요리책 좋아하는 거 어떻게 알고…… ㅠㅠ.

저격 성공이다! 집밥에 진심인 친구가 부지런히 책장을 넘기며 즐겁게 먹는 생활을 꾸려가기를.
 이다음 책은 어떤 장르로 골라볼까? 얼른 월말이 왔으면 좋겠다.

오래전 일기

할머니가 돌아가셨다. 갑자기 암 투병을 시작하셨다는 소식에 병문안을 다녀온지 얼마 지나지 않아 영정 사진에 할머니 얼굴이 담겨 있었다. 그 앞에서 무릎을 꿇고 엉엉 울었다. 장례 절차가 모두 끝나고 집으로 돌아오니 양쪽 무릎에 피멍이 들어 있었다.

할머니의 죽음이 슬프기도 했지만, 할머니가 더는 이 세상에 없다고 생각하니 엄청나게 커다란 감정이 나를 덮쳤다가 사라졌다. 있던 존재가 없어졌을 때 느끼는 감정은 상실감이나 허망함, 슬픔이나 그리움처럼 이름 있는 감정이 아니다. 이제까지 있는 줄도 몰랐던, 하지만 내 안에 분명히 살아 숨 쉬던 감정을 누군가가 허락도 없이 싹싹 지워버린 느낌이다.

마음에는 단 한 사람에게만 한정된 감정이 있다. 그 감정은 그가 세상에서 사라지면 같이 지워진다. 내게 할머니라는 존재가 없어지자, 할머니에게 한정된 감정이 사라졌다.

앞으로 나는 얼마나 많은, 이름 모를 감정을 삭제당할까. 그 모든 게 사라진 내 마음은 진짜 내 마음이 맞을까. 나라는 존재가 누구보다 먼저 세상에서 지워질 수도 있겠지.

한 사람이 사라지면서 같이 지워진 무수한 마음이, 여기저기 떠돌거나 흩어지거나 소멸되지 않고, 그 사람 곁을 둘러싸고 있으면 좋겠다.

더 이상 길고양이를 보고 웃을 수 없다

주말 저녁, 오랜만에 친구와 밖에서 만나 밥을 먹었다. 주말 밤 약속은 나에게는 좀처럼 없는 일이기에 친구와 마주하는 내내 들떠 있었다.

식사를 마치고 가게를 빠져나왔을 때 문 옆에는 고양이 한 마리가 앉아 있었다. 밥을 기다리는 눈치였다. 식당 스태프들이 동네 길냥이들의 밥을 챙겨주는 모양인지 가게 앞에는 나무로 만든 고양이 집도 놓여 있었다.

가게에 들어오기 전까지만 해도 눈에 띄지 않던 아이인데 언제부터 이렇게 기다리고 있었던 걸까.

고양이는 야옹대지도 않고, 못마땅하다는 듯 두리번거리거나 가게 문을 긁지도 않고 우두커니 앉아 있었다. 사람들이 끊임없이 무언가를 먹고 마시는 식당 앞에서, 왁자지껄한 문 너머 공간을 바라보며 그저 가만히 앉아 있었다. 자기가 할 수 있는 최선의 행동은 그거라는 듯이.

조금씩 다가가도 고양이는 달아나지 않았다. 코앞에 쭈그려 앉아도 여전히 같은 자세로 앉아 있었다. 경계심이라고는 없는 얼굴을 보자 갑자기 눈물이 터졌다. 어, 어, 왜 이러지……

난데없이 흐르는 눈물에 고개를 푹 숙였다. 친구가 볼 새라 부지런히 두 눈을 껌뻑이는 동안 머릿속에서 수많은 질문이 떠다녔다. 너 이렇게 경계심 없으면 안 돼. 세상엔 좋은 사람들만 있는 게 아냐. 밥은 잘 먹고 다니니?

문득 남기고 온 회 몇 점이 생각났다. 서둘러 식당으로 들어가니 아직 치우지 않은 그릇 위에 우리가 남긴 음식이 그대로 있었다. 젓가락이 닿지 않은, 익힌 관자 하나를 손바닥에 올려 밖으로 나왔다. 여전히 같은 자세로 있는 고양이 앞에 앉아 손바닥을 내밀었다. 잠시 머뭇거리던 고양이는 이거 진짜 줄 거냐는 듯 슬며시 올려다보더니 잽싸게 관자를 물고 사라졌다. 고양이가 가버린 방향을 한참 보면서 속으로 혼잣말을 했다. 차 조심하고! 길에서 험한 꼴 당하지 말고! 아무한테나 가지 말고! 최대한 오래오래 살아라, 아가야!

얼마 전까지만 해도 길고양이를 만났을 때 드는 감정은 딱 두 가지였다. '귀엽다' 아니면 '깜짝이야'. 기분 좋을 때 만나는 고양이는 매력적인 생명체였고, 밤길에 갑작스레 튀어나오는 고양이는 무서운 존재였다. 그 많은 고양이가 어디서 왔고, 어떻게 살고 있는지는 궁금해하지도 않은 채 잠깐 시선만 주고 지나쳤다. 어차피 나랑은 상관없는 존재들. 운 좋으면 누군가의 챙김을 받고 살아갈 생명들이었다.

이제는 그럴 수가 없다. 풋콩이를 만난 이후로 길에서 만나는 생명은 더 이상 길에 사는 동물이 아니게 됐다. 저 멀리 혼자 걸어가는 고양이를 보면 가까이에 차가 오지는 않는지 지켜본다. 겨울철이면 운전하기 전에 차 밑을 살피고, 보닛을 톡톡 두드려 차가 곧 움직일 거라는 걸 알린다. 시동을 걸고 나서는 여전히 차 아래 고양이들이 있을까 봐 한참을 기다렸다가 출발한다. 더운 날은 상한 음식을 먹고 탈이 날까 걱정이고, 한파가 닥치면 어디서 추위를 피하고 있을지 한숨이 난다.

혼자 외출할 때면 닭가슴살 간식을 들고 다닌다. 풋콩이 없을 때 몰래 주려고. 하지만 고양이들은 좀처럼 내게 다가오지 않는다. 나도 부를 엄두가 나지 않아서 그저 멀리서 지켜만 본다. 언젠가 가방 속 간식이 활약할 날을 기다리면서.

개에게는 잘못이 없다

오후에 풋콩이와 동네를 산책하고 있는데 공원 입구에 사람들이 모여 있었다. 느릿느릿 걸으며 흘끔거리니 싸움이 벌어진 것 같았다. 30대로 보이는 남자와 환갑쯤 돼 보이는 남자가 서로 상체를 부딪치며 다투고 있었는데, 젊은 남자 앞에는 목줄을 한 개 한 마리가 있었다.

 보호자 앞에서 어쩔 줄 모르는 개를 보고만 있을 수 없어 얼른 파출소에 신고했다.

경찰과 통화하는 사이에 두 사람의 동작이 커지면서 나이 든 남자가 젊은 남자에게 달려들었다. 그러자 젊은 남자는 한 손에는 개줄을, 다른 손으로는 상대방의 멱살을 잡은 채 그를 바닥에 내동댕이쳤다. 보호자의 낯선 행동에 개는 입을 헤 벌린 채 숨을 헐떡였다. 당황하거나 놀랐을 때 개가 보이는 카밍 시그널이다.

가까이 다가가지도 못한 채 마음을 졸이고 있는데, 곧이어 경찰차 두 대가 도착해 경찰 네 명이 우르르 내렸다. 그들은 한 덩어리가 된 두 사람을 신속하게 갈라놓았다. 그때 동네 주민으로 보이는 중년 여성이 내 옆으로 다가왔다.

"무슨 일이래요?"

"잘 모르겠어요. 둘이 싸움이 난 것 같아요."

"개 때문에요?"

"모르겠습니다. 개가 너무 불쌍하네요."

그러자 여성은 싸늘하게 대꾸했다.

"그렇게 말하면 안 되지."

"……?"

"개가 불쌍하다니. 사람이 다칠 수도 있는데. 개를 데리고 다닌 사람이 잘못이지."

이 싸한 느낌. 뭔지 아는 이 느낌. 굳이 대꾸하지 않았는데도 여성은 말을 이었다.

"개 데리고 다니는 사람들, 조심해야 돼요. 요즘 공원에도 개똥이 너무 늘었어."

이건 또 무슨 소리인가. 참고 있기가 그랬다.

"그건 개똥을 안 치우고 다니는 사람 잘못이죠."

"그렇긴 한데, 개 안 키우는 사람 입장도 이해해줘야 돼. 저 사람도 개 때문에 화가 난 것 같은데……."

더 이상 반응하고 싶지 않아 눈으로 개만 쫓았다. 여전히 개는 보호자 앞을 왔다 갔다 하며 어쩔 줄 몰라 했다.

그때 또 다른 여성이 앞으로 지나가더니 우리를 향해 말했다.

"저 아저씨, 이상한 아저씨야!"

솔깃한 이야기에 귀가 쫑긋 섰다. 더 말해줘요. 가지 말고 더 말해줘요. 나는 옆에 있는 여성은 아랑곳하지 않고 그 사람을 향해 물었다.

"그래요?"

"응! 저 아저씨 만날 술 마시고 다니면서 사람들한테 시비 걸고 욕하고 다녀. 다른 욕은 안 하고 여자 욕만 그렇게 해."

나도 모르게 상체가 그 사람 쪽으로 쏠렸다. 그래 가지고요. 네? 그래서요! 하지만 옆에 있던 여성이 선을 그었다.

"난 그런 건 모르겠고, 개를 데리고 다니니까 문제가 생기는 거예요."

이야기를 끊는 걸로도 모자라 아무 잘못 없는 개를 자꾸 모략하는 게 참기 힘들었지만 듣는 둥 마는 둥 하며 다른 여성에게 말을 걸었다.

"저 아저씨 평소에도 술 먹고 그래요?"

그러자 그 사람은 '예, 내 눈으로 똑똑히 봤슈' 하는 머슴 같은 표정으로 말을 이었다.

"응, 무슨 사정이 있는가 봐. 여자한테 내쫓겼거나 버림받은 것 같아. 근데 그거 생각하면 좀 짠하고."

그 말에 내 옆의 여성은 또 산통을 깼다.

"저는 그런 건 관심 없고, 개랑 다니는 사람들 조심해야 돼요."

아놔. 한창 재미있는데 왜 자꾸 말을 끊어요. 남의 이야기를 왜 끝까지 안 듣느냐고요. 나는 선생님이 하는 이상한 얘기 다 들어줬잖아요……. 계속 이 사람 옆에 있다가는 재미있는 이야기는 다 커트당하고 주야장천 개 험담만 듣게 될 것 같았다. 갑자기 흥미가 싹 사라져 집 방향으로 몸을 틀며 중얼거렸다.

"앞으로 저 아저씨 조심해야겠네요."

내 말에 반응하는 사람은 아무도 없었다. 그저 풋콩이만 집에 가게 돼 다행이라는 표정이었다.

경찰이 왔으니, 걔는 무사히 집에 가겠지? 부디 그랬으면 좋겠다. 고생했으니까 간식도 먹고. 하여튼 개에게는 잘못이 없다. 다 인간이 잘못하는 거다.

스무 살과 쇼핑

힘겹게 고3 생활을 보내던 조카의 생일 즈음 거절하기 어려울 만한 제안을 했다.

 "생일 선물 고를 여유도 없지? 원하는 대학에 들어가면 이모가 머리부터 발끝까지 다 사줄게."

 몇 달 뒤 조카는 원하는 대학에 무사히 합격했고 내가 돈만 마련하면 됐다.

 프리랜서의 통장 잔고는 늘 헐렁하지만 조카와의 약속을 미루거나 파기할 순 없다. 어떻게든 탈탈 털어 돈을 융통해놓고, 사고 싶은 옷 리스트를 만들어두라며 큰소리쳤다.

 사고 싶은 건 무한정이었겠지만 엄마(나의 언니)에게 적당히 사라는 주의를 받은 모양이었다. 조카는 스웨터 두 벌이랑 바지 한 벌, 신발 한 켤레면 된다고 했다. 노노, 잘 생각해봐. 매일 오는 기회가 아니야. 코트가 필요하진 않니? 바지도 한 벌 가지고 되겠니?

 큰소리치면서도 요즘 애들 옷값이 어떤지 몰라 내심 조금 떨었다.

조카 동네에 있는 대형 쇼핑몰에서 만나기로 약속했다. 고등학교 교사로서 조카의 대입 준비에 다양한 조언을 해줬던 내 친구도 합류했다. 오늘은 이모들과 함께 하는 수능 뒤풀이.

만나자마자 세 사람은 옷 가게를 뒤지고 다니며 이게 예쁘네, 저게 어울리네 열의를 불태웠다. 때로는 불필요한 아이템을 소개하며 내가 더 적극적으로 '이건 무조건 사야 돼' 했다. 조카 손에 차곡차곡 들리는 쇼핑백을 보며 내 걸 살 때보다 만족스러웠다.

점심시간이 되자 조카는 우리에게 밥을 사겠다고 했다. 얼마 전부터 과외 아르바이트를 시작했다는 조카는 당당하게 말했다.

"나 돈 있어. 카드도 있어."

며칠 전에 체크카드도 만들었다고 했다.

식당가로 올라가 메뉴를 살피면서 나와 친구는 소곤소곤 속삭였다.

"여기 왜 이렇게 비싸냐……?"

그곳에는 1인분에 2만 원 가까이 되는 식당들만 줄지어 있었다. 그중 가장 저렴한 면요리집에 가보니 엄청난 대기 줄이 늘어서 있었다. 그래도 여기가 제일 합리적이니까 기다렸다 먹자며 어슬렁대자 조카가 말했다.

"비싼 거 사줄게요. 나 돈 많아."

이 녀석. 친구와 머쓱하게 웃으며 그나마 타협이 될 만한 식당을 찾았다.

자리에 앉자마자 친구와 나는 가장 싼 메뉴를 찾았지만 조카는 호기롭게 외쳤다.

"나는 초밥 세트 먹을래."

이 녀석. 1인분에 3만 원이 넘는 메뉴였다. 친구와 나는 그건 너무 과하다, 양이 많다, 어차피 남길 것이다, 라는 가스라이팅으로 가까스로 주문을 막아냈다. 결국 친구는 우동, 나는 소면, 조카는 연어덮밥으로 정했다.

세상에서 제일 맛있는 소면을 먹는 동안 조카에게 앞으로의 일정을 들었다. 오티가 언제고, 엠티가 언제고, '새터'라는 행사도 따로 있다며 들떠서 소개하는 조카의 표정을 보니, 나에게도 분명 저런 시절이 있었는데 왜 기억이 가물가물할까 싶었다.

나는 어렸을 때부터 시니컬한 성격이어서 나의 젊음이 얼마나 반짝이는지 따윈 생각해본 적이 없다. 젊음이고 늙음이고 인생은 다 좆같은 거야, 라는 생각으로 살았다. 고등학교 때 선생님들이 하던 "너희 때는 뭘 해도 예뻐"라는 말이 제일 이해되지 않았다. 뭘 해도 예쁘지는 않지 않은가.

그래서인지 훌쩍 세월이 지나 젊은 사람들을 바라보면서도 '좋은 시기지'라는 말 따위 할 수가 없다. 세월을 지나온 인간은 툭하면 과거를 미화한다. 하지만 인생에는 때마다 괴로움이 있다.

지금은 행복하게만 보이는 조카 안에도 그늘과 상처, 불안이 자리할 것이다. 그래서 조언이나 희망찬 말을 건네지 않는다. 자기 몸으로 경험하고 깨달을 일이기에. 인생이 어떤 것인지는 직접 살아본 자신만이 알 수 있다.

밥을 다 먹고서 조카는 카드를 꺼내며 말했다.
"나 카드 결제 처음 해봐. 떨린다."
그러더니 혼자 저벅저벅 걸어가 계산대에 선 조카의 모습을 보니 절로 이모 미소가 흘렀다.

훌쩍 커버린 조카와 하루를 보내는 동안, 내가 보호해야 할 아이가 아닌 가까운 친구와 시간을 보내는 것처럼 편안했다. 하나하나 설명하고 가르쳐야 할 것만 같던 아이가 어느새 어른이 되어 내 옆을 씩씩하게 걷고 있었다. 내가 조카에게 선물을 사준 게 아니라, 조카가 나에게 의미 있는 하루를 선물해주었다. 조카는 존재만으로도 충만한 기쁨을 준다. 주양육자가 아니라서 누릴 수 있는 특권이겠지.

다음 날 친구는 아이를 키우는 친동생에게 편잔을 들었다고 한다.
"그래서, 애가 사준 밥을 얻어먹었어?"
사준다는데 얻어먹지 그럼······.

외개어 세상

동네 공원에 갔다가 아는 개를 만났다. 개와 풋콩이는 같은 유치원에 다니지만 서로 알은체도 안 하는 사이다. 하지만 개 엄마와 나는 만날 때마다 반가워하며 근황을 주고받는다.

개는 얼마 전부터 다이어트를 하고 있어서, 보호자는 평생 다이어터인 풋콩이만 보면 어떻게 살을 빼면 좋을지 묻는다. 아는 대로 이것저것 이야기했더니 그가 말했다.

"그래도 우리 아기, 요새 좀 빠진 것 같아."

"오!"

"자기가 아는 것 같아. 다이어트해야 된다는 걸."

"하하하. 그래요?"

"간식을 일부러 피하더라고. 주면 고개를 홱 돌려. 자기도 참아야겠다 싶은가 봐."

"푸하하! 진짜요?"

믿을 수 없는 얘기지만 믿어야만 하기에 "와, 너 천재구나! 대단하네!" 하고 법석을 떨었다. 갑자기 왜 야단이냐는 듯 시선을 돌리는 개와 은은한 미소를 짓는 개 엄마. 그 옆에서 계속 이러고 있을 거냐는 풋콩이의 표정. 모든 게 코미디였다.

개 보호자들끼리 모이는 자리, 일명 '개 모임'에서는 암묵적인 룰이 있다. 가급적 자기 개에 대한 칭찬을 먼저 하지 않는 것이다. 하지만 다른 개 보호자가 자기 개를 칭찬할 때는 결코 말리지 않는다. 밑밥을 살살 던져주며 '더 해봐, 더 칭찬해봐' 한다.

"어머, 얘는 왜 이렇게 엄마만 봐요? 엄마를 너무 좋아하네!"
"(말없이 웃는다)"
"(개를 향해) 엄마가 그렇게 좋아? 어머, 이거 봐, 이거 봐. 지금도 제가 만지는데 엄마만 보잖아요!"
"후훗, 그래요?"
"완전 엄마바라기네! 집에서도 그래요?"
"(기다렸다는 듯 치고 나오며) 응! 말도 못 해. 어딜 가든 항시 쫓아다니고, 어디 앉으면 자기도 와서 내 옆에 엉덩일 착 붙여."
"아, 귀여워. 행복하시겠다!"
"(얼굴이 터져나갈 듯 기쁜 미소로) 후훗. 개들은 천사야, 그치?"

설령 우리 개는 무는 개더라도 이럴 땐 고개를 끄덕일 수밖에 없다. 그분 입장에서, 자기 개가 자기만 좋아한다는 걸 자랑하고 싶어도 먼저 발견하고 짚어주는 사람이 없으면 조용히 집에 돌아가야 한다. 하지만 옆에서 멍석을 깔아주는 사람이 있다면? 차려진 밥상에 쓱 앉기만 하면 된다. 본격적으로 밥상이 차려지면 자기 개의 필살기를 하나씩 투척한다.

우리 개는 산책하러 나가자고 하면 자기 옷을 직접 물고 와요. 근데 그때그때 자기가 입고 싶은 옷으로 골라서 물고 와요. (개 ○○ 엄마의 말)

우리 개는 산책 가는 거랑 병원 가는 거를 딱 구분해요. 아무 말도 안 했는데 병원 가는 날은 자기 하우스에 들어가서 안 나오는 거 있지. (개 ×××엄마의 말)

우리 개는 특식 주는 날을 알아요. 특식 주는 날인데 안 주면 그날은 줄 때까지 잠도 안 자고 밥그릇 앞에만 있어요. (개 △엄마의 말)

처음에는 모조리 믿을 수 없었다. 어떻게 믿나, 저런 말들을. 하지만 개와 함께 살고 나서부터는 그 말이 다 사실이라는 걸 안다. 나 역시 우리 개의 민감성, 감수성, 천재성, 회복탄력성에 매 순간 감탄하며 생각한다. 어디 가서 말하면 아무도 안 믿겠지? 그래서 말하지 않고 가슴 속에만 남긴다는 건 거짓말이고 풋콩이 소셜미디어 계정에 미주알고주알 다 써둔다. 까먹기 싫으니까.

사랑하고 아끼는 마음은 이전과는 다른 눈을 갖게 해준다. 이전과는 다른 입술과 귀도 준다. 그로 인해 새로운 언어를 얻는다. 마치 외국어 하나를 더 구사하게 되는 것처럼.

연인끼리 주고받는 사랑의 언어처럼 세포분열하듯 변화하는 애칭, 절로 혀가 짧아지거나 길어지는 말투, 오직 두 사람 사이에서만 유효한 유행어는 관계를 더욱 단단하게 만든다. 사랑은 무한한 가능성을 품는 동시에 그만큼 폐쇄적이다.

개 보호자들의 경우에는 그 언어가 외'개'어일 뿐이다. 이제는 나 역시 외개어로 말하고 소통한다. 무심코 나오는 돌고래 소리, 수없이 바꿔 부르는 이름과 새롭게 만들어지는 애칭들, 따지고 보면 '사랑해'가 전부인 길고 긴 중얼거림을 매일 반복한다.

얼마 전, 고양이와 함께 사는 어르신이 말했다.

"우리 고양이는 나를 엄마라고 불러. 야옹~ 아니고 엄마~ 이런다니까. 진짜로 내가 부르면 엄마~ 이러면서 와."

그렇다. 분명 그 고양이는 엄마가 부르면 '엄마~' 하고 다가오는 고양이인 것이다.

세상 모든 반려인은 모국어와 외개(냥)어 둘을 완벽하게 구사하는 바이링구얼이다. 어렸을 때부터 내 꿈은 바이링구얼이 되는 거였는데, 개랑 같이 사는 걸로 그 꿈을 이루게 될 줄은 몰랐다.

내 시상식도 아닌데

기자로 일하는 친구가 좋은 기사로 상을 받게 되었다는 소식을 전해왔다. 일간지 기자직 퇴사 후, 프리랜서 기자로 누구보다 진하게 살고 있는 친구였기에 시상식에 꼭 참석해 축하해주고 싶었다.

친구가 기사를 송고하는 언론사는 시민 기자 시스템을 운영하는 인터넷뉴스 매체다. 이곳은 1년에 두 번, 의미 있는 기사를 성실히 써온 시민 기자들을 위한 시상식을 연다.

시상식장에 줄줄이 놓인 의자에 매체 기자들과 수상자, 하객들이 앉았다. 언론사 대표와 임원의 소감을 듣고 수상자들이 한 명씩 앞으로 나가 상을 받았다. 상패에 이름만 바꿔 수여하는 여느 시상식과는 달리, 각기 다른 내용으로 노고를 치하하는 문구가 적혀 있어서 감동이었다.

모두에게 상패가 돌아가고 수상자들이 각자 소감을 발표했다. 심도 있는 기사를 열심히 써온 사람들인 만큼 말에도 깊이가 있었다. 수상 소감이 생물처럼 파닥파닥 뛰었다. 친구 역시 멋들어지게 소감을 발표했다.

식순이 모두 끝나자 사회자가 말했다.

"오늘 축하하기 위해 자리해주신 분들의 소감도 듣고 싶습니다."

함께 자리한 수상자들의 배우자들을 향한 제안이었다. 호명된 사람들은 앞으로 나와 유려하게 소감을 발표했다. 다들 준비라도 해 왔나? 엄청난 말솜씨에 혀를 내두르고 있는데 친구가 귓속말을 했다.

"언니한테도 시키는 거 아냐?"

"에이 설마. 나를 왜."

그때, 사회자가 나에게 뜨거운 시선을 보내며 외쳤다.

"이○○ 기자님 친구분 소감도 들어보겠습니다!"

예? 설마요. 제 소감을 왜요. 친구인 나의 소감을 듣다니 그건 있을 수 없는 일이다, 말하려 했지만 광대의 피를 지닌 내 몸은 자동으로 움직이고 있었다. 나는 어떤 자리에서든 '빼는 것'을 못한다. 안 해요, 안 할래요, 하면서 하염없이 늘어지는 분위기를 참지 못한다. 퍼포머의 자아가 발현되는 것이다. 처음에는 마음에도 없던 사람들이 '이렇게 나온다면 무조건 시켜야지!' 하며 전투적인 표정이 돼가는 것 역시 견디지 못한다.

정신을 차리고 보니 나는 시상식 현수막 한가운데 서서 안 해도 될 말까지 줄줄 늘어놓고 있었다.

이후 친구와 기념사진도 찍고(왜), 뒤풀이에도 따라가 음식을 족족 해치웠다(어째서). 나는 내내 이상한 사람처럼 웃고 있었는데 그 웃음의 의미는 무엇이었을까. 친구에 대한 자랑스러움이라 하겠다.

집으로 걸어가는 길. 오늘을 되돌아보니 모든 상황이 웃겨서 미칠 것 같았다. 황당하지만 재미있었던 하루. 기사 잘 쓰는 친구 덕분에 뜻밖의 고자극 이벤트를 경험한 것 같아 고맙고 즐거웠다. 이래서 사람은 밖에 나와야 하나. 그래도 난 집이 제일 좋은데.

집에 도착해, 친구가 고이 찍어둔 동영상을 소셜 미디어에 올렸다. 영상 속 나는 마치 준비했다는 듯이 〈세바시〉 느낌의 발언을 이어 가고 있었다. 나 그동안 외로웠나? 대화가 부족했나? 왜 그렇게 열변을 토했는지 어이없어 킬킬대고 있는데 영상을 본 다른 친구에게 메시지가 왔다.

— 나 상 탈 때도 와서 소감 말해줘

답장을 보냈다.

— 꼭 갈겡

개가 아플 때 하는 생각

새벽에 풋콩이가 재채기하는 소리에 잠에서 깼다. 아무리 잠귀가 어두워도 반려동물이 내는 소리에는 눈이 번쩍 떠지는 신비.

개는 자기가 평소와 다르다 싶을 때 보호자로부터 거리를 둔다. 들키기 싫다는 듯, 창피한 일이라는 듯 자기의 변화에 먼저 당황하며 도망친다. 혼자 거실에서 연거푸 재채기하는 개한테 득달같이 다가가면 더 놀랄 것 같아 침대에서 불렀다. 풋콩아, 이리 와봐.

풋콩이는 기다렸다는 듯 오도도 침대로 올라와서도 한바탕 재채기를 했다. 그러고는 꼬리를 축 늘어뜨린 채 침대 밑으로 내려갔다. 저럴 땐 잠시 내버려두어야지. 비몽사몽간에 시간을 확인하니 새벽 3시 반이었다.

다음 날 아침엔 평소보다 늦게 일어났다. 풋콩이도 피곤한 눈치였지만 내가 꼼지락대는 기척에 벌떡 일어나 밥 차리라는 얼굴을 했다. 역시 우리 개다.

개가 컨디션이 평소와 다를 때 체크해야 할 것은 1. 식욕 2. 용변 3. 활동성. 잘 먹던 밥을 먹지 않는다면, 배변 상태와 횟수가 평소와 다르다면, 잠만 자는 등 활동성이 떨어진다면 컨디션이 좋지 않다는 뜻이다. 개는 말을 하지 못하기 때문에 몸이 아프더라도 낑낑대거나 울지 않는다. 그래서 더욱 세심한 관찰이 필요하다.

풋콩이는 밥을 차려주니 신나게 먹고는 응가를 시도했는데 잘되지 않는지, 배변 패드 위에서 빙글빙글 돌다가 포기하고 하우스로 들어가버렸다. 풋콩이는 피곤하거나 컨디션이 좋지 않을 때만 하우스에 들어간다.

이후에도 계속 안아달라고 조르거나 무릎에 올라와 내려가지 않는 등 평소와 다른 행동을 했다. 풋콩아, 많이 아프니. 병원에 갈까.

며칠 전, 소셜미디어로 줄곧 지켜보던 개의 계정에 소식 하나가 올라왔다. 갑자기 무지개다리를 건넜다는 소식이었다. 개가 떠났다는 사실을 여전히 믿을 수 없다는 보호자의 글을 보자마자 심장이 마구 뛰었다.

 미국에서 예술 관련 일을 하는 싱글 여성과 개가 단란하게 가족이 되어 지내는 모습에 용기를 얻어, 나도 풋콩이 입양을 결심했었다. 며칠 전까지 놀이터에서 신나게 놀던 모습이 떠올라 눈물이 솟구쳤다. 보호자는 그렇게 된 이유를 알 수 없어 더 황망해했다. 평소처럼 잠든 개가 아침에 깨지 않아서 보니 호흡이 멎어 있었다고 한다.

내가 어렴풋이 상상하는 풋콩이의 노후가 있다. 나이 들어 잘 걷지 못하고, 눈이 안 보이고 귀도 잘 들리지 않게 된 지친 모습. 그럼에도 나는 풋콩이를 정성껏 돌보고, 아픈 데가 있으면 끝까지 간호할 거라 다짐했다. 하지만 개는 한 가지 모양으로 세상을 떠나지 않는다.

어제는 천진하게 놀다가 갑자기 오늘 아침에 눈을 뜨지 않을 수도 있다. 풋콩이가 무지개다리를 건널 때까지 곁에서 함께할 거라는 생각 역시, 내 멋대로 만들어낸 환상일지도 모른다. 나는 풋콩이와 언제 어디서 어떻게 헤어지게 될지 모른다.

얼마 전까지 그 상상만으로도 눈물이 터져나왔지만 이제는 같은 이유로 하루하루 최선을 다해야 한다고 마음을 다잡는다. 아무리 노력해도 개가 떠나고 나면 후회밖에 남는 게 없겠지만, 이별의 슬픔 속에 죄책감은 덜 섞고 싶다. 이 역시 내 맘대로 되는 게 아니겠지.

풋콩이는 내 옆에 자리를 잡고 쌔근쌔근 소리를 내면서 잠들었다. 그 모습에 안도하며 노트북을 켜 작업을 시작했다. 집 안에 늘 흐르는 도그 카밍 뮤직을 배경으로 타닥타닥 키보드 치는 소리와 히융 히융 풋콩이의 호흡소리가 섞여 우리 집만의 백색소음이 만들어졌다.

조금 있으면 풋콩이가 간식을 달라고 조를 시간인데, 그때도 안 일어나면 진짜 병원에 가봐야겠다. 내 생각을 읽었는지 풋콩이가 벌떡 일어나서 나를 본다. 간식 줘요, 하는 표정으로.

+ 병원에 다녀왔고, 결과는 감기. 3일 동안 약을 먹이면서 지켜볼 것. 이틀간은 산책 금지.

집 구하는 데 소질 없는 사람

몇 달 전 윗집이 새로 이사를 왔다. 짐을 풀고 정리하고 청소하고 못 박고 물건 끄는 소음이 이어졌다. 들리는 소리로 추정해보니, 3인 가족인 것 같았는데 아이가 뛰는 소리보다 어른들 발망치 소리가 더 컸다. 천장을 통해 벽으로 울리는 쿵쿵 소리를 계속 듣다 보니 정신이 아득해졌다.

나에게는 층간소음 버튼이 있다. 예전 집에서 겪은 층간소음 및 누수로 더 이상 살 수가 없어 이사를 왔는데, 이사 온 집에도 누수에 이어 층간소음까지 생기다니. 어쩜 골라도 이런 집만 고르나 싶다.

그간 경험을 통해 이웃과의 분쟁은 피하는 게 상책이라는 걸 알아버렸기에 괴로웠지만 참아야 했다. 우리 아파트 주민들은 매일 우리 개 짖는 소리를 참아주고 있지 않은가. 그래서 참을 인(忍) 자를 온몸에 두르고, 존재감을 지운 채 지냈다.

몇 달이 지나도 층간소음은 잠잠해지지 않았다. 윗집은 새벽부터 거실을 뛰어다니고, 밤에도 청소기를 돌렸다. 경비 아저씨에게 몇 번씩 호소하자 관리소장까지 나서는 등 상황이 엄중해졌지만 속 시원히 해결되지는 않았다.

층간소음은 건축상 하자이기도 하지만 습관의 문제이기도 하다. 발뒤꿈치를 세게 디디며 걷는 사람이 하루아침에 사뿐사뿐 걸을 수는 없다. 매트나 방음장치를 마련하는 일, 슬리퍼를 신는 일도 익숙해지지 않으면 성가시기만 해서 금세 관두기 쉽다. 일부러 나를 괴롭히기 위해 소리를 내는 게 아니라는 걸 알기에 더 난감했다. 반복적으로 민원을 호소하는 사람만 예민한 사람이 되는 수순. 예민한 것도 맞지만, 괴로운 것도 맞다.

소음이 심할 때마다 경비실에 내려가 고충을 털어놓는 일에도 지쳤다. 어쩔 줄 모르는 경비 아저씨들의 모습을 보는 일도 마음이 편치 않았다.

이사 온 윗집은 당분간 이사하지 않을 것이고 나 역시 이 집에서 살면서 일해야 하는 사람이니, 어떻게든 적응하는 게 빠를 것 같았다. 그래서 집에 있는 동안은 도그 카밍 뮤직을 볼륨 높여 틀어두고, 귀에는 블루투스이어폰을 꽂고 팟캐스트를 들었다.

 더불어 청소나 설거지, 세탁기 사용 등 그간 조심해온 생활 소음을 일부러 만들어가며 스스로 번잡한 환경에 노출시켰다. 소음에 대한 면역을 기르기 위해 집을 아예 소음 소굴로 만든 것이다.

한 주의 시작인 월요일. 새 마음 새 뜻으로 아침 식사를 준비하는데 윗집에서 아이의 요란한 울음소리가 났다. 어린이집에 다니는 아이가 등원하기 싫다며 떼를 부리는 모양이었다. 잔뜩 골이 난 아이는 내가 아침 식사를 만들고 식사를 마칠 때까지 울음을 그치지 않았다. 어림잡아도 30분은 넘는 시간이었다.

처음에는 나지막한 음성으로 달래던 아이 엄마는 점점 열이 뻗쳤는지 언성을 높이기 시작했다.

뚝
스읍!
그만
그만해!
안 된다고 했어!
엄마가 그만하라고 했어! 안 했어!
(방문 쾅)

그칠 줄 모르는 아이의 울음과 보호자성 절규를 듣고 있으니 이상하게 마음이 차분해졌다. 처음에는 그저 쌤통이었지만 듣다 보니 다들 고생이 많다, 싶었다. 며칠 전, 경비 아저씨가 한 말이 떠올랐다.

"애 엄마가 육아휴직 중인데, 조만간 복직한대. 그럼 낮에는 덜 시끄러울 거야."

발에 망치가 달린 사람의 마음은 모르겠지만 복직을 앞둔 회사원의 심정만큼은 알 것 같았다. 그날 이후로 더 이상의 민원은 제기하지 않고 있다. 잊을 때마다 들려오는 엄마와 아이의 아웅다웅은 나의 인내에 힘을 실어주고 있다.

그러면서도 틈틈이 부동산 앱을 열어 이사 갈 만한 집을 찾는다.

둘째 조카 졸업식

둘째 조카가 초등학교 졸업을 맞았다. 딱 한 명뿐인 이모로서 안 갈 수가 없지. 조카가 좋아하는 튤립 꽃다발을 들고 일찌감치 학교로 향했다.

초등학교 졸업식은 식순이 길었다. 150명 남짓 되는 전교생 모두가 무대에 올라가 교장 선생님에게 졸업장을 받았다. 모든 학생에게는 몇 개의 분야로 크게 나누어진 상장도 수여되었다. 예민한 시기에 소외되는 아이가 한 명도 없게 하려는 학교의 배려가 느껴졌다.

축하하러 온 가족들은 연신 스마트폰을 들고 모든 순서를 꼼꼼하게 촬영했다. 학생들은 자신을 향한 관심들을 즐겼다. 어떤 학생은 기특하게 "엄마 아빠 사랑해!"를 외쳤고, 공중제비를 선보이기도 했으며, 특유의 포즈를 정해 무대 위에서 매력을 뽐냈다.

이윽고 조카의 반 학생들이 무대에 오를 차례. 촬영 모드를 세팅해두고 조카가 무대를 오르기 전부터 동영상을 찍었다. 조용하고 낯가림하는 편인 조카는 졸업장을 받고 꾸벅 인사만 한 다음 내려왔다. 그 모습이 바로 내 조카인 것 같아 피식 웃음이 났다.

졸업식의 꽃은 뭐니 뭐니 해도 사진 촬영이다. 오늘 나는 '찍사'로서 이 자리에 왔다. 부지런히 스마트폰을 놀리며 졸업식의 이모조모고모숙모를 사진으로 담았다. 조카 친구들 사진은 기본이고, 다른 학부모들과의 사진은 물론, 언니네 가족들 사진도 찍었다. 가족들과 사진을 찍을 땐 표정 한 번 풀지 않던 조카가 친구들과 이야기할 때는 연신 함박웃음을 짓는 모습도 증거로 남겨두었다.

짬뽕을 먹고 싶다는 둘째 조카의 원대로 중국집에 갔다. 조카들과 함께 밥을 먹는 건 오랜만이었다. 나보다 더 분주한 아이들이기에 같이 밥을 먹는 일도 쉽지가 않다. 메뉴 선정을 고민하고, 음식을 기다리고, 음식을 먹으며 이야기 나누는 동안 이상하게 얼굴에선 은은한 미소가 가시지 않았다. 가족이 다 모일 때마다 내내 미소 짓고 계시던 부모님 생각이 났다. 재미있는 에피소드가 없어도 절로 웃음이 흐르게 하는 아이들의 힘.

식사가 끝날 즈음 둘째 조카가 물었다.

"이모, 집에 갈 거야?"

정 많은 성격의 조카는 아기 때부터 나를 만날 때마다 중간중간 꼭 이렇게 물었다. 대놓고 같이 놀자고, 무언가를 같이 하고 싶다고 말 못 하는 조카만의 표현이었다. 키가 훌쩍 자라고 덩치도 커지고, 목소리도 두꺼워진 조카이지만, 아기 때 모습이 그대로 보여 애틋해졌다. 집에서 기다리는 마감 임박 원고에 눈을 감은 채 대답했다.
"이모랑 차 마시러 갈래?"
조카는 기대 반 무뚝뚝함 반으로 대답했다.
"응."

생각도, 고민도 많은 민감한 성격의 둘째 조카는 유난히 사춘기를 세게 겪었다. 엄마에게 반항하고 누나와 크게 다투고, 소꿉친구들과도 거리를 두며 자신만의 세계를 만들어갔다. 낯설어진 모습에 이모로서 걱정이 컸으나 딱히 할 수 있는 게 없었다. 전화해도 받지 않고, 문자에도 답장하지 않는 것으로 나에게도 벽을 치는 것 같았고, 사춘기의 질풍을 어떻게 대해야 할지 몰라 허둥댔다.

그랬던 조카가 내 앞에서 웃고, 요즘 자신에 대해 이야기하고 있었다. 중학생이 되면 더한 격정이 찾아올지도 모르지만, 내 앞에서 이 아이는 그저 막내 조카다.

너의 앞날에 내가 어떤 큰 힘이 될 수 있겠니. 다만 언제 만나더라도 "이모, 집에 갈 거야?"라고 물어보고 싶은 사람이면 충분할 것 같다.

졸업을 축하해. 중학생 돼서도 이모랑 가끔 만나주라.

나를 존중하는 하루

우울을 건너며

이틀 동안 눈물이 멈추지 않아 찾아간 정신의학과에서 우울증 진단을 받았다. 상담과 약물치료를 권하는 의사 앞에서 어떻게든 해주세요, 하는 심정으로 울면서 고개만 끄덕였다.

처음에는 '내가 우울증?' 하고 놀랐지만 치료를 거듭하면서 절로 수긍이 갔다. 나는 진작 병원에 왔어야 하는 사람이었다. 다행히 처방약은 잘 맞았고, 상담 치료는 나도 몰랐던 내 상태를 마주하는 계기가 됐다. 진료 때마다 의사 선생님과 나누는 대화를 통해 다음 진료까지 버틸 힘을 얻었다.

정신의학과 진료를 받으면서 나에게 생긴 변화들.

1. 급속도로 불안이 올라오거나 가슴이 뛸 때 진정하는 법을 알게 되었다
2. 일을 적게 하게 되었다
3. 작은 일일지라도 루틴으로 만들어 지키게 되었다
4. 불필요한 소비가 줄었다
5. 모든 일을 급하게 결정하지 않게 되었다
6. 기꺼이 만나고 싶은 소수의 사람만 만나게 되었다
7. 부정적인 생각을 길게 지속하지 않게 되었다
8. 이유 없이 눈물 흘리지 않게 되었다
9. 전보다 더 자주 웃게 되었다
10. 인류애가 미세하게 회복되었다
11. 책이 읽히고 글이 써지게 되었다

주변 사람에게 들은 피드백도 있다. 친언니는 요즘 내가 이렇게 느껴진다고 말해주었다.

1. 말과 행동이 느려졌다
2. 기분이 어떤지 잘 모르겠을 때가 있다
3. 사소한 일에 욱하는 것 같다
4. 표정이 어색해 보일 때가 있다

처음에는 의아하면서도, 받아들이기 어려웠지만 여러 번 곱씹으니 납득이 되었다. 예전에는 지나치게 사람들을 의식하고 신경 썼다. 사람을 만날 때마다 하고 싶지 않은 말도 많이 했고, 분위기를 어둡게 만들면 안 된다는 강박도 컸다. 그러느라 화나도 참았고 기분이 상해도 티 내지 않는 데 불필요한 에너지를 많이 썼다.

이제는 굳이 할 말이 없으면 길게 말하지 않는다. 내 기분이 어떻게 보이든지 크게 신경 쓰지 않는다. 기분이 딱히 좋지 않으면 그렇게 보이는 게 당연하다. 억지로 가짜 기분을 만들지 않는 모습. 어쩌면 그 모습이 예전과는 다르게 말과 행동이 느리고, 기분 또한 모르겠는, 그래서 사소한 일에도 욱하는 것처럼 보이거나 표정이 어색하게 느껴지는지도 모른다. 나는 여전히 회복 중인 것이다.

내가 느끼는 달라진 점이 하나 더 생각났다.

12. 기쁨을 강하게 느끼지 않지만, 슬픔이나 분노도 강하게 느끼지 않는다

 기쁜 일이 생겨도 예전처럼 막 기쁘지 않다. 얼핏 안타까운 일처럼 보이지만 슬픔이나 분노도 예전만큼 격하게 느끼지 않아 균형이 맞는다.

혹시 나의 회피형 성격이 작용하는 걸지도 몰라 선생님에게 물었더니 이렇게 대답했다.

"아니요. 만약 그게 회피 기제에서 나오는 거였다면 일부러라도 기쁜 일을 많이 만들고, 더 기뻐하기 위해 적극적으로 노력했을 거예요. 슬프거나 화나는 일이 싫으니까 어떻게든 거부하려고 애쓰는 거죠. 하지만 기쁜 일도 적당히, 슬픈 일도 적당히, 균형 맞춰 반응하고 있는 걸로 보입니다."

그리고 한마디 덧붙였는데 그 말이 마음에 쿡 들어왔다.

"다른 사람들은 이미 다 그렇게 살고 있답니다."

예전 일상이 색종이였다면 요즈음 일상은 에이포 용지 같다. 이전의 삶은 자극적이었지만 피곤했던 반면, 요새는 자극이 없지만 편안하다. 뭐가 나은 건지는 더 살아봐야 알 것 같다.

나는 언제까지 병원에 다니게 될까? 아마 평생이 될지도 모른다. 하지만 우울증을 얻은 대신 나를 얻은 느낌이 든다. 질질 짜면서도 제 발로 병원으로 걸어 들어갔던 그날의 나한테 고맙다.

큰 병원 가는 날

3차 병원에 갈 때마다 사람이 작아진다. 마음이 쪼그라들어 몸까지 줄어드는 느낌이다. 정기검진이 필요한 이슈로 20대부터 1년에 한 번씩 큰 병원에 다니고 있지만 아무리 가도 적응이 안 된다.

 병원 입장과 동시에 접수와 검사, 진료 대기 및 진료, 수납 및 원무과 과정을 겪다 보면 이걸 어르신들이 스스로 할 수 있을까 싶다. 우리 부모님은 평소 자식들 도움을 꺼리는 분들이라 알리지도 않고 병원을 오가시는데 모든 과정이 매끄러울 리 없다.

병원에서는 자주 물건을 떨어뜨리거나 잊어버리고, 방향감각을 상실하고, 궁금한 게 생겨도 물어볼 사람이 눈에 띄지 않는다. 문제는 아무리 대답을 듣고 안내를 받아도 잘 모르겠다는 것. 병원에 올 때마다 머릿속이 하얗게 리셋되는 것 같다. 점점 기계가 인력을 대체하는 상황에서, 훗날 나는 더 낡은 몸으로 병원 진료를 무리 없이 받을 수 있을까. 1인 가구라 동행할 사람도 없어 모든 게 무섭고 귀찮다며 병원 오는 일 자체를 멀리하게 되진 않을지.

얼마 전부터는 마음을 달리 먹었다. '병원에서 모든 걸 신속 정확하게 해야 한다는 생각을 버리자. 급할 건 하나도 없다.' 그래서 큰 병원에 올 일이 있는 날은 다른 일정을 잡지 않는다. 하루를 통으로 비워두어 오래 대기하거나 허둥대더라도 마음이 조이지 않도록 여유 있게 움직인다. 그리고 병원 주변에 가고 싶은 카페나 식당을 미리 찾아놓아 진료 후의 작은 즐거움을 마련해둔다. 큰 병원 스트레스를 조금이라도 희석하기 위함이다.

진료 결과, 1년에 한 번 추적검사로 충분할 것 같다는 의사의 이야기에 굳어 있던 마음이 스르르 녹았다. 한 해 한 해가 다르게 느껴지는 요즘이기에, 생각지도 못한 이야기를 들을지도 몰라 긴장했는데 진료실을 빠져나오는 발걸음이 가벼웠다.

고지가 멀지 않았다. 실비보험사에 청구할 의료비를 위해 서류를 발급받아 귀가하면 끝이다. 담당 직원이 종이를 내밀며 하는 질문에 네, 네, 맞아요, 네 네, 힘차게 대답했다. 잠시 후 내 손에 들린 진단서에는 이사 전의 주소가 적혀 있었다.
"이거, 제 주소가 바뀌었거든요?"
담당 직원은 맥 빠졌다는 듯 말했다.
"아까 바뀐 내용 없으신지 여쭤봤는데 없다고 하셔서요."
걱정했던 일들이 끝났다는 안도감에 제대로 듣지 않고 기계적으로 대답했나 보다. 갑자기 쫄아서 직원의 눈빛을 살피며 굽신거렸다.

그는 약간 차가운 얼굴로 대꾸했다.

"아까 바뀐 내용이 있으면 보시라고 종이를 넘겨 드렸던 거예요."

"아……. 죄송합니다."

직원은 흔히 있는 일이라는 듯 신속하게 카드 취소를 하고, 다시 주소를 확인한 다음 카드 재결제를 진행했다. 안 그래도 바쁜 사람을 더 귀찮게 한 것 같아 풀이 죽었다. 마음속으로 이따 건넬 말들을 궁리했다. '죄송합니다'라고 하고 '고생하셨어요'를 덧붙일까? 반성하는 의미로 '다신 안 그럴게요' 할까? 그건 너무 비굴한가. 그냥 '저 때문에 짜증 나셨죠?'라고 할까. 아니, 그 말을 들으면 더 짜증 날 것 같아.

머뭇거리는 사이에 새로 출력된 서류가 눈앞에 놓였다. 어버버하다가 말할 타이밍을 놓쳐 눈치를 살피며 "죄송합니다"만 반복했더니 그는 웃었다.

"괜찮습니다."

어휴. 나 같은 사람이 어디 한둘일까.

연간 대형 프로젝트, 큰 병원 진료를 마치고 병원을 빠져나오는 길. 들어올 때랑은 다르게 자신감이 조금 리필되었다. 길은 많이 헤매지 않았고, 실수는 조금만 했고, 결과는 나쁘지 않고, 성적표로 치면 '잘함' 정도 되는 것 같네. 얼른 밥 먹고 커피 한잔해야지. 오늘은 여기서 퇴근이다.

어른 김장하

친구들을 만날 때마다 화제에 오르던 다큐멘터리가 있었다. 다들 "그거 안 봤어요? 봐야지!" 했다. 취향도, 직업도 다른 사람들이 목 놓아 극찬하는 작품에는 이유가 있을 것 같았다.

10대 시절부터 한약방을 운영하며 쌓은 재력으로 아무런 연고 없는 사람들을 지원해온 김장하 선생. 그는 무려 1000명이 넘는 학생들에게 장학금을 지원했다. 하고 싶은 공부를 돈 때문에 포기하지 않도록 학비는 물론 용돈까지 넉넉히 건네주었다고 한다. 장학생 중에는 2025년 4월 4일, 대통령에게 파면을 선고한 문형배 헌법재판관도 있었다.

자신은 해진 양복을 입을지언정 어려운 환경에 놓인 사람들을 지나치지 못해 이어온 김장하 선생의 선행은 그동안 제대로 조명된 적 없었다. 본인이 극구 사양했기 때문이다. 인터뷰 요청도 사절했고, 기자의 질문에도 묵묵부답이었고, 만나서 식사하자는 대통령의 제안도 거절했다.

두 편의 다큐멘터리를 보면서 주변 사람들의 훈훈한 증언에 입을 다물 수 없었지만 특히 인상적인 에피소드가 하나 있었다.

그가 자신의 재산을 사회에 환원하고자 학교를 설립했을 때, 신설 사립고등학교인 만큼 교사 채용 청탁이 많았다고 한다. 그걸 어떻게 물리쳤느냐는 질문에 그는 당시 이사장으로서 내건 세 가지 조건을 밝혔다.

첫째, 내 친척은 한 사람도 쓰지 않겠다
둘째, 한 사람도 돈을 받고 채용하지 않겠다
셋째, 권력에 굽히지 않겠다

얼마 후, 김장하 선생을 만난 국회의원이 이런 말을 했다.

"아는 사람이 그 고등학교에 임용이 되었는데, 확실하게 잘 좀 해줘요."

다음 날 선생은 해당 교사 채용을 무효 처리했다. 이후 외부 압력이 들어오기 시작했음에도 결정을 철회하지 않았다. 그러자 일이 커져 교육부에서 감사가 내려오고, 학교에 대한 세무조사까지 진행되었다고. 그 일에 대해 선생은 이렇게 말했다.

"그리 나오면 나는 쉬워요 왜냐하면 잘못한 게 없거든."

깨끗하게 살아가겠다는 신념을 지키기 위해 최선을 다한 사람에게서만 나올 수 있는 말이었다.

그가 평생을 일해온 한약방 문을 닫는 날, 그의 지원을 받았던 장학생 한 명이 그곳을 찾았다. 끊임없는 지원에도 특별한 인물이 못 되어 죄송하다는 그에게 선생은 대답했다.

"난 그런 걸 바란 게 아니었어. 우리 사회는 평범한 사람들이 지탱하고 있는 거다."

양심에 대해 오랫동안 고민하고 연구해온 생태학자 최재천 교수. 그는 다른 사람은 속일 수 있지만 나는 못 속이는 것이 양심이라고 말했다. 양심에 따르지 않는 일이 고통스러운 이유는 나를 속이지 못하기 때문이라는 것.

김장하 선생의 다큐멘터리를 보는 내내 그 말이 떠올랐다. 청렴함에 대해서도 생각했다. 청렴함이란 솔직함이구나. 자신감이구나.

자신에게 솔직한 사람은 남을 속일 수 없고, 자신에게 떳떳한 사람은 남에게도 떳떳하다. 머리로는 알아도 실천하기 어려운 솔직함과 자신감은 깨끗하게 살겠다는 다짐과 실천에서 온다.

생긴 대로 살자

둘 중 한 사람과 일해야 한다면 누굴 고를 것인가.

실력은 훌륭하지만, 인성이 아쉬운 사람
　　　　　　　VS
실력은 아쉽지만, 인성이 좋은 사람

많은 사람이 전자를 고른다. '일하려고 만났는데 일을 못한다면 과연 그 사람이 인성 좋은 사람인가?'라서다. 일할 때 인성 따위 필요 없다는 사람도 있다. 이렇게 덧붙이면서. "친목을 위해 만난 거 아니잖아요."

흠. 그럴듯하다. 하지만 이렇게 반문한다면?

일하려고 만난 사람에게까지 안 좋은 인성을 드러낸다면, 그건 과연 일을 잘하는 걸까? 일할 때만큼이라도 자신의 안타까운 인성을 드러내지 않는 것도 업무 능력 중 하나라고 생각한다. 친목을 위해 만난 게 아니니까요.

일을 시작했을 때부터 지금까지 나는 늘 후자를 고른다. 일에서의 남다른 철학이 있어서가 아니라 그저 성향이 그렇다. 일하는 사람과는 본의 아니게 시간을 많이 보내고 연락도 자주 주고받는데, 그 사람이 불편하다면 나도 일하기 싫어질 것 같다. 상대방의 능률이 아닌 나의 능률이 염려된다.

더불어 '난감한 인성이 용인될 정도로 실력 좋은 사람이 나에게 필요한가?'라는 의문도 든다. 나는 그 정도로 대단한 일을 하고 있지 않다. 앞으로도 그런 일을 벌일 계획이 없고이 시점에서 나를 되돌아보게 된다. 과연 나는 어떤 사람일까.

일은 잘하는데, 인성이 안 좋은 사람?
일은 못하지만, 인성이 좋은 사람?

최악은 실력과 인성 둘 다 안 좋은 사람일 텐데, 내가 거기에 해당하는 건 아니…겠지…?

 만약 내가 그런 사람이라 해도 어쩔 수 없다. 나는 당분간 일을 관둘 마음이 없으니까. 인성은 갑자기 바뀌는 게 아니고, 업무 능력 역시 갑자기 향상되거나 줄어들지 않는다.

 누구나 자신만의 실력과 인성으로 일하며 산다. 그걸 세상은 깜냥이라 부른다. 내 그릇에 담길 만큼만 애쓰자는, 감당할 수 없는 일에 대해서는 마음을 접자는 각오는 이상하게 용기를 준다.

오타 자연 발생설

자주 이용하는 온라인 서점에 1:1 문의를 남겼다.

제목: 택배 배송, 시정이 필요합니다

안녕하세요. 이곳에서 자주 책을 주문하는데, 택배 기사님께서 매번 택배 상자를 던지고 가십니다. 밤늦은 시간에도 현관문 앞에 쾅 소리 나게 던지고 가시는데, 만약 개선이 안 된다면 계속 이용하기 어려울 것 같습니다. 이 부분 개선될 여지가 있을지요? 답변 부탁 드립니다.

다음 날, 답변이 달렸다는 알림이 와서 들어가봤다. 추후 시정될 수 있도록 택배사에 내용을 전달했다는 사과의 답장이었다. 그 김에 내가 남긴 문의 글을 다시 읽어보았다. 마지막 문장이 눈에 띄었다.

답변 부탁드립니다.

요즘 자주 이런다. 집주인에게 보내는 근엄한 문자나 업무 관련 메일에도 나중에 보면 꼭 한두 글자씩 오타가 들어가 있다. 미묘하게 사람 우스워지는 문장들을 보며 아차 싶지만 이미 때는 늦었다.

예전에 어르신들에게서 온 맞춤법 틀린 문자를 볼 때마다 속으로 웃었다. 맞춤법 따위, 나는 결코 틀릴 일 없으리라 장담했는데……. 철모르던 내가 정해둔 '결코'에 번번이 뒤통수를 맞는다.

원고를 쓸 때마다 사전을 찾아보지 않으면 버젓이 틀리는 단어도 늘었다. 아무리 교정지를 살살이 살펴도, 책이 나오고 보면 떡하니 들어 있는 오타 자연발생설처럼 맞춤법 자동 오류설도 시작된 것이다. 눈이 침침해져서일까. 인지기능이 떨어져서일까. 집중력이 흐트러져서일까. 셋 다 맞는 것 같다.

달라진 점이 하나 더 있다. 내가 보낸 문자나 메일에서 뒤늦게 오타를 발견했을 때, 예전에는 민망해하며 우스워질 내 이미지를 걱정했다면 이제는 우스워질 이미지조차 없다는 걸 알고 있다. 바쁜 현대인들은 생각보다 남들한테 관심이 없다. 그래서 '됐어~ 알아들었으면 됐지, 뭐~' 한다. 상대방도 언젠가는 오타를 낼 것이고 그럴 때 나 역시 양해하면 된다.

언젠가는 나도 맞춤법 하나도 안 맞는 문자를 떡하니 보내놓고 뭐가 틀렸는지 모르려나. 아니면 또 오타를 보냈다며 머리를 쥐어뜯을까. 전자가 건강에는 더 좋겠지. 오타는 내가 내는 거지만 결과적으로 상대방이 받는 거니까. 내가 아닌 상대방이 처리할 문제라고 여기면 될 것 같다.

 툭하면 오타 내는 사람, 맞춤법도 제대로 모르는 사람, 예전에는 용납할 수 없었던 낯선 모습에 점점 가까워지는 게 나이 듦의 증거겠지. 모든 인간은 늙는다는 건 알고 있었지만 나 역시 늙는다는 것, 20년 전까지만 해도 상상도 못 했다.

충분한 하루

미국의 작가이자 영화감독인 노라 에프런(Nora Ephron)은 하루가 다르게 노화하는 자신을 실감하면서 색다른 결심을 한다. 만약 오늘이 인생의 마지막 날이라면 나는 진짜 하고 싶은 일을 하고 있는지 자문해보는 것.

그는 하루에 하고 싶은 일을 두세 가지 하는 것만으로도 충분하다는 것을 깨닫는다. 이를테면 좋아하는 디저트 가게에서 케이크를 먹고, 동네 공원을 걷는 것만으로도 충분한 오후가 되고 좋은 연극 한 편을 보고, 단골 레스토랑에서 저녁 식사를 하는 것만으로도 완벽한 하루라고 느낀다.

  '예전 같지 않다'라는 실감은 사람을 더욱 옹졸하고 강퍅하게 만든다. 나이가 들수록 느긋해져야 한다지만 실천하기는 쉽지 않다. 나의 변화를 누구보다 나 자신이 받아들이기 어렵기 때문이다. 늙는 건 처음이기에.

  그럴 때일수록 무언가를 달성해야 완성되는 하루가 아니라, 좋아하는 일 두세 개만으로도 충분한 하루라 여기는 일. 초조함을 다스리고 욕심을 줄여가며 오늘을 사는 일. 그게 나 자신과 화목하게 살아가는 방법이 아닐까.

내가 생각하는 충분한 하루는
여유 있게 아침을 챙겨 먹고, 풋콩이와 느긋하게
산책하고, 저녁에 무겁지 않은 마음으로 잠드는 것.
그거면 된다.

뒷담화에 관하여

사회생활을 시작했을 때, 마음에 새긴 지침 중 하나는 뒷담화하지 않기였다. 하지만 당시 몸담았던 업계는 뒷담화가 가벼운 몸풀기 정도로 여겨지던 곳이어서 세 명 이상 모이면 뒷담화 파티가 열렸다. 나는 슬슬 시작되겠구먼, 하는 느낌이 들 때부터 대화에 참전하지 않았다.

몇 년이 지나고 문득 의문이 들었다. 나는 왜 뒷담화를 싫어하는 걸까. 그 사람한테 미안해서? 아니면 재미없어서? 양심의 가책 때문에? 다 아닌 것 같았다. 새로운 의문이 떠올랐다.

나는 진심으로 뒷담화를 싫어하는가?

싫어하지 않았다. 들으면 안 된다고 생각했을 뿐 다 듣고 있었고, 뒷담화할 내용(일명 소스)이 없어서 말하지 못했을 뿐 만약 있었다면 신나게 참여했을지도 모른다. 당시에는 혼자 도덕적인 척, 고고한 척하는 데 심취해 있었다. 다른 사람들에 비해 잘난 것 하나 없었던 나로서 그렇게나마 특별함을 만들어 자위하는 시간이 필요했다. 그런 위선을 깨닫자 차라리 거리낌 없이 뒷담화하는 사람이 더 나아 보였다.

그날로 조금씩 뒷담화에 대한 빗장을 풀었다. 얼마 안 가 옆구리 터진 항아리처럼 콸콸 쏟아내듯 뒷담화를 하게 됐다. 하지만 내가 진정한 뒷담화를 하고 있다는 느낌이 들지 않았다. 타인에게 관심이 없고, 관심이 생기더라도 금세 식는 나 같은 사람은 뒷담화도 기계적으로 할 뿐이었다.

뒷담화에도 진심의 세계가 있는데, 내가 한 뒷담화는 농담 같은 거였다. 내가 말로 누군가를 두들겨 팰 때 맞은편에서 그걸 듣는 사람의 시원한 표정을 보는 게 좋았다. 어쩔 줄 모르면서도 계속 듣고 싶어 하는 얼굴. 듣는 입장으로서 좀 찜찜하긴 하지만 계속해봐, 멈추지 마, 하는 표정.

재미있는 이야기를 할 때, 상대방의 얼굴에서 비슷한 표정을 발견하는 즉시 나는 고삐가 풀린다. 그 사람을 끝까지 만족시키고 싶다는 욕구가 발동한다. 그렇게라도 사랑받고 싶은 거겠지.

요즘은 뒷담화할 일이 없다. 사람을 통 만나지 않아서 뒷담화할 사람조차 없다. 사람을 만나지 않으니 뒷담화를 들을 기회도 없다.

자고로 자극을 접하면 접할수록 더 큰 자극이 필요한 법. 뒷담화와 거리를 두며 내 안의 독기를 빼내는 과정은 짐짐하지만 산뜻한 해방감을 주었다. 마음속 토양의 일부가 유기농이 돼가는 기분.

내 안이 청정 구역이 돼가는 느낌은 나쁘지 않다.

쓸데없는 드립

초등학생 열다섯 명과 3주간 글짓기 수업을 했다. 매주 다른 주제로 수업을 진행했는데 그날의 주제는 '친구'였다. 글쓰기를 낯설어할 어린이들을 위해 빈칸 채우기를 제안했다.

예문)
나는 (어떠한 친구가 되고 싶은지 쓰기) 한(인) 친구가 되고 싶어요.
왜냐하면 (그런 친구가 되고 싶은 이유 쓰기) 하(이)기 때문이에요.

"좋은 친구를 만드는 방법은, 내가 먼저 좋은 친구가 되는 거예요. 여기 빈칸에 맞게 내 생각을 써볼까요? 어렵지 않겠죠?"

곧이어 어린이들은 질문을 퍼부었다.

Q) 사람 친구가 아니어도 돼요?
　물론이죠. 강아지에 대해 써도 돼요.

Q) 되고 싶은 친구가 없으면 어떡해요?
　되고 싶은 친구가 없을까요? 있을 수도 있어요.

Q) 아무 말이나 써도 돼요?
　가능하면 친구에 대한 글로 써줬으면 좋겠어요.

"지금부터 시작!"을 외치자 교실 안에 사각사각 연필 움직이는 소리만 들렸다. 조금 있다가 "발표하고 싶은 사람!" 하니 어린이들은 머뭇대다가 하나둘 손을 들기 시작했다. 그중 가장 먼저 손을 든 어린이가 발표했다.

나는! 김신회 작가님 같은 친구가 되고 싶어요!
왜냐하면! 김신회 작가님은 답을 다 알고 있고,
똑똑하기 때문이에요!

아! 이 무슨 사회생활 만렙 글쓰기란 말인가. 주변 어린이들은 생각해본 적 없는 내용이라는 듯 어리둥절한 표정으로 짤깍짤깍 손뼉을 쳤고, 나는 빨개진 얼굴로 웃음을 터트렸다.

"우리 친구는 사회생활을 참 잘할 것 같아요. 고마워요!"

발표를 마친 어린이는 자랑스러움과 멋쩍음을 반반 섞은 표정으로 고개를 꾸벅하고는 자리에 앉았다.

그날 밤, 잠들기 전에 하루를 되짚어보는데 마음이 스산해졌다. 나 왜 어린이한테 그런 말을 했지? 그 친구는 진짜 그렇게 생각해서 글을 썼을 수도 있잖아. 어린이의 용기 있는 작품 발표를 사회생활이라고 정리해버린 같잖은 개그욕이 부끄러웠다. 초등학생을 성인의 말장난에 끌어들이고 말았구나. 심지어 웃기지도 않았어.

 다시는 그러지 말아야지. 만약 이다음이 있다면 꼭 만회하고 싶다. 오늘의 쓸데없는 드립, 규탄한다! 규탄한다!

우리 집도 우울증인가 (메롱)

전셋집 재계약을 하러 가는 날. 코앞 부동산에 가는 건데 정성 들여 화장하고 가장 깔끔한 옷으로 골라 입었다. 없어 보이는 세입자로 보이고 싶지 않아서였다. 없어 보이고 싶지 않은 건, 없기 때문에 생기는 마음.

비장한 마음으로 부동산에 들어가 집주인과 마주했다. 짧은 기간에 골치 아픈 일을 한 무더기 겪은 세입자였지만, 결국 집주인을 대면하면 웃고 마는 건 어른의 사회성이다. 그의 평온한 얼굴을 보니 그 역시 불안도가 높은 사람이라는 게 느껴졌다.

불안이 높은 사람일수록 겉으로는 몹시 차분해 보인다. 어딜 찔러도 피 한 방울 안 나올 것 같거나 감정 따위 없는 것 같은 에이아이(AI)처럼 보이기도 한다. 하지만 가슴속에는 부글부글 용광로가 끓는다. 긴장과 두려움, 걱정과 당혹스러움이라는 활화산을 품고 있다. 차분한 외면으로 애써 숨겨온 그것이 터져나올 때면 갑자기 사람이 뚱땅거리거나 괴팍해진다. 내가 그런 사람이다.

그걸 깨닫고 나니 더 이상 그가 밉지 않았다. 나도 모르게 감사합니다, 라는 말을 여러 번 건넸다. 사느라 고생 많으십니다, 라는 뜻이었다.

계약서 날인을 마치고 집주인이 떠나자 부동산 사장님이 질렸다는 표정을 지었다. 그 표정 안에는 집주인 때문에 겪은 그간의 고행길이 깊게 아로새겨져 있었다. 사장님은 말 안 해도 안다는 듯 나를 위로했다.

"2년 뒤에 아무래도 안 되겠다 싶으면 이사 가. 그 집, 우울하잖아."

빵 터졌다. 나는 오늘 공인중개사가 공인한, 우울한 집에 2년 더 살겠다고 도장을 찍은 것이다. 집은 사는 사람을 닮는다더니 못 말린다, 진짜.

한 줄 일기로부터 시작된 이야기

우울증을 앓는 사람들에게 장려되는 활동 중에 '세 줄 일기 쓰기'가 있다. 세 줄 일기의 내용은 다음과 같다.

오늘 가장 안 좋았던 일
오늘 가장 좋았던 일
내일의 목표

여기서 가장 중요한 것은 세 번째 줄이다. 우울증을 앓는 사람을 힘들게 하는 것은 '오늘같이 끔찍한 하루가 내일 또 이어진다'라는 두려움이기에, 작은 목표를 하나 세워 내일에 대한 부담감을 기대감으로 바꾸고, 하루만 더 살아보자는 의미로 만들어진 항목이다. 실제로 꾸준히 세 줄 일기를 씀으로써 우울감이 감소하고, 정신에 이어 육체 건강까지 호전되었다는 임상 연구 결과가 있다.

하지만 마음이 척박할 때는 달랑 세 줄 쓰기도 힘에 부친다. 종일 안 좋기만 했기에 가장 안 좋았던 일을 하나만 꼽을 수 없고, 좋았던 일 따위 있을 리 없다. 그 와중에 내일의 목표라니 장난하나.

처음에는 한 줄만 써보았다. 첫째 줄과 둘째 줄은 할 말이 없으니까 패스. 마지막 줄은 내일 아침에 먹을 밥으로 대체했다.

달랑 한 줄이어도 써놓고 나면 조금 설렜다. 아침을 먹으려면 일어나야 하고, 일어나기 위해서는 자야 하니까 일찌감치 누워 잠을 청했다.

다음 날 일어나서 계획대로 밥을 차리고 밥상 사진을 찍어 소셜미디어에 올렸다. 그걸 다음 날 또 하게 되었고, 그다음 날도, 그 다음다음 날도 했다. 사진을 본 사람들은 매일 건강하게 하루를 시작하는 것 같다고 했지만, 나의 하루 중 유일하게 '그렇게 보일 만한' 순간일 뿐이었다.

그렇게라도 반복하다 보니 일상에 질서가 생겼다. 밥을 먹으면 '책을 좀 읽어볼까?' 하는 마음이 들었고, 어떤 날은 '오늘은 글을 좀 써볼까?' 싶었다. 물음표가 쌓이고 쌓여 꼬인 실타래처럼 뭉친 머릿속에 틈이 생겼다. 그 사이로, 조금씩 빛이 들어오고 있었다.

아무렇지 않게 해온 일들이 부담스럽게 느껴지고, 그 일이 점점 커다란 스트레스가 되어 나를 짓누를 때 균열이 생긴다. 내가 망가졌다는 걸 느꼈을 때 이미 일상은 망가져 있다. 그럴 때면 나부터 일으켜야겠다는 생각이 든다. 내가 건강해져야 일상도 건강해질 테니까.

 하지만 반대의 경우도 있다. 일상부터 조금이나마 정돈한 다음, 그 흐름에 몸을 맡기면 조금씩 나도 일으켜진다. 세 줄 일기 쓰기조차 힘들 때 '언젠가 건강해지면 써야지' 하고 기다리는 것이 아니라 한 줄이라도 일단 쓰는 것. 도무지 세 줄로 늘어날 것 같지 않아 보여도 한 줄만이라도 꾸준히 써보는 것.

매일 밤 침대에 누워 썼던 내일 아침 메뉴 한 줄은 다음 날 내 몸을 일으켜 밥상에 앉게 하고, 책상으로 이끌었다. 1년 가까이 매일 아침에 일어나 밥을 차려 먹는 일에만 집중했다. 오늘의 목표이자 숙제는 그것 하나뿐이라는 생각으로 꾸준히 계속했다.

생각하는 대로 살지 않으면
사는 대로 생각하게 된다던데
사는 대로 생각하는 것도 나쁘지 않은 것 같다
일단 살아야 생각이라도 하니까
생각은 힘이 없지만
생에는 힘이 든다
죽지 않고 살아 있는 게 얼마나 대단하냐?

— 2025년 4월 3일 일기 중에서

언젠가부터 잠깐 으쌰, 하고 나면 매일의 일을 할 수 있게 되었다. 그저 하루라는 시간에 나를 놓아두고 물 흐르듯 하루, 또 하루를 보내자 잃어버렸던 기쁨이 눈앞에 떡하니 놓여 있었다. 한참 찾을 때는 없더니. 언제부터 여기 있었던 거니.

 그러는 동안 보통의 하루는 평범한 게 아니라는 걸 알게 되었다. 사소한 하루는 결코 사소하지 않다. 전날 밤 계획한 일을 다음 날 실행할 수 있는 삶은 축복받은 삶이다. 그러한 일상을 매일 반복하는 사람은 특권을 가진 사람이다.

한 줄 일기는 세 줄이 되고, 어느새 한 문단이 되어 점차 그날 있었던 일을 글로 쓸 수 있게 됐다. 쓴 글은 다시 읽어보지 않았다. 매일 세 줄 일기를 쓰고 일기장을 탁 덮어버리듯 매일 조금씩, 힘들지 않을 만큼만 쓰고 노트북을 껐다. 쓰고 나면 마음이 개운해졌는데, 그건 하루의 주인공이 아닌 하루 일부로서의 감각이었다. 나의 하루는 내가 만든 게 아니라 나 역시 하루의 일부였다는 실감이 어깨에 들어간 힘을 빼주었다.

 이 하루를 책임지지 않아도 된다. 그저 시간의 흐름에 몸을 맡기면 된다. 하루에도 계절이 있어서 어느 날은 한겨울이지만 어느 날은 문득 봄이다. 마음대로 계절을 바꿀 수 없듯이 하루도 그럴지 모른다.

얼마간의 시간이 더 흐른 뒤 요즘 어떻게 지내는지 털어놓자 의사 선생님이 말했다.
"약을 끊어도 되겠습니다."

몇 개월 뒤 다시 상태가 안 좋아져서 병원을 찾았을 때, 선생님은 재투약을 권했다. 나는 그렇게라도 도움을 받을 수 있어 안도했지만, 선생님의 얼굴에는 안타까움이 가득했다.

그날 밤에도 수첩에 내일 먹을 밥을 썼다. 다음 날 밥을 차려 밥상 앞에 앉았다. 생각하는 대로 살지 않고 사는 대로 생각하면서 하루를, 또 하루를 보냈다.

똑같은 하루는 오늘도 계속된다. 도달하려는 목표 없이, 잘 살겠다는 각오 없이 하루만 산다. 쳇바퀴 도는 하루에도 한 번은 웃을 일이 있고, 캄캄한 터널 속에도 빛이 비치는 틈이 있다.

이 책은 그저 하루의 일부가 되어 살아지는 대로 살아온 날들의 기록이다. 별것 없는 나의 오늘을 존중하기 위한 노력, 좋아하는 것을 길고 오래 즐기기 위한 실천이다.

우리는 반복되는 하루만큼 나아간다.

김신회

꾸준한 행복

발행일 2025년 5월 15일 초판 1쇄
   2025년 5월 30일 초판 2쇄

지은이 김신회
펴낸곳 여름사람
편집 여수진 강서준
디자인 형태와내용사이
제작 영신사

출판등록 2023년 2월 20일 제2023-000081호
이메일 taipeik@gmail.com

ISBN 979-11-983343-3-6 (03810)

잘못 만들어진 책은 구입처에서 교환해 드립니다.
ⓒ 김신회, 2025